『베다』 읽기

세창명저산책_033

『베다』 읽기

초판 1쇄 발행 2015년 7월 15일
초판 2쇄 발행 2015년 12월 5일
—
지은이 이정호
펴낸이 이방원
기획위원 원당희
편집 윤원진·김명희·이윤석·안효희·강윤경·김민균
디자인 손경화·박선옥
마케팅 최성수
—
펴낸곳 세창미디어
출판신고 2013년 1월 4일 제312-2013-000002호
주소 03735 서울시 서대문구 경기대로 88 냉천빌딩 4층
전화 02-723-8660
팩스 02-720-4579
이메일 sc1992@empal.com
홈페이지 http://www.sechangpub.co.kr/
—
ISBN 978-89-5586-252-2 03270

이 도서의 국립중앙도서관 출판시도서목록(CIP)은 서지정보유통지원시스템 홈페이지(http://seoji.nl.go.kr)와
국가자료공동목록시스템(http://www.nl.go.kr/kolisnet)에서 이용하실 수 있습니다.
CIP제어번호: CIP2015018074

세창명저산책_033

वेद
VEDA

이정호 지음

『베다』 읽기

세창미디어
M E D I A

머리말

 세계 4대 문명발생지의 하나로 일찍이 문학과 종교를 발전시켜 인간의 행복한 삶을 꿈꾸고, 죽어서도 영생하는 길을 고민하고 그 나름의 길을 제시한 나라가 인도이다. 베다는 세계에서 가장 오래된 문학작품이면서 힌두교의 근본 경전으로 인도사상과 문화의 뿌리이며 물질적 풍요보다 정신적 가치를 중시하는 인도인들의 영원한 바이블로 인도의 고대 역사나 문화를 이해하는 중요한 문헌이다. 오늘날에도 베다는 힌두사회의 강력한 응집 이데올로기 역할을 하고 있다. 인더스 문명 이후 인도로 이주·정착한 아리아인들의 신앙, 인생관과 우주관이 담겨 있는 것이 베다이다. 이 책에서는 리그베다에서 우빠니샤드가 나오기까지의 베다의 전통흐름과 사유의 변화 과정을 당대의 문화와 함께 조명해 보았다.

 베다가 나오기 이전 인더스 강변에는 기원전 3000여 년 전부터 모헨조다로와 하라파를 중심으로, 약 1000여 년 동안 거대한 도시 국가 형태의 인더스 문명Indus Civilization이 존재했다. 인더스 문명에서 출토된 유물로 보아 인더스 문명인들은 고도로 발달된 도시 문명생활을 영위하였다. 그들은 모계사회를 형성하고 주로 농경에 종사하면서 풍성한 수확과 다산을 기원하며 땅과 나무, 남근Linga, 동물 등을 숭배하였으며, 요가수행과 정화의 목욕을 하였을 것으로 추정하고 있다. 이와 같은 인더스 문명인들의 종교와 문화는 결코 사라진 것이 아니라 오랜 세월 속에 서서히 베다 종교에 흡수되고 동화되어 이후 힌두교의 한 부분으로 나타났다.

기원전 2000년경 인도-유럽어족의 유목민인 아리아인들이 원거주지를 떠나 그 일부는 서쪽으로 가서 유럽의 여러 민족이 되었고 다른 일부는 동쪽의 이란-인도 지역으로 이주하였다. 그들의 일부가 기원전 1500년경 힌두쿠시 산맥을 넘어 인더스 강 상류의 편잡 지방에 정착하였다. 그들이 인도-아리아인이며, 브라만교의 성전인 리그베다를 편찬하였다.

그들은 문학적인 감각이 뛰어난 종족으로 인간과 자연현

상에 대해 생각하고 신비스러운 자연현상 ―번개, 천둥, 비, 태양, 불, 달 등― 의 힘에 자기들의 안전과 번영이 달려 있다고 믿고 그들을 의인화하고 신격화하여 숭배하였다. 그들은 비, 질병 퇴치, 전쟁에서 승리, 또는 가족들의 건강 등을 위해 제물을 바쳐 신들에게 제사를 올렸다. 그들이 숭배하는 신들을 찬미하고 그들의 영웅을 칭송한 기록이 베다이고 이것이 산스크리트 문학의 시작이다.

베다는 인도의 사상, 철학, 종교뿐 아니라 문학, 예술, 과학 등 모든 학문의 뿌리로 대부분 3~4행의 운율을 지닌 시 형태로 이루어졌다. 넓은 의미의 베다에는 4베다(리그베다, 사마베다, 야주르베다, 아타르바베다)와 브라흐마나, 아란야까, 우빠니샤드까지 포함된다. 베다 가운데서도 가장 오래되고 중요한 리그베다가 형성된 정확한 연대는 알 수 없지만 일반적으로 기원전 1500~1000년 사이에 이루어진 것으로 보고 있으며, 나머지 문헌도 기원전 500년경(불교가 나오기 전)에는 모두 성립된 것으로 보고 있다.

힌두교는 기독교나 불교, 이슬람교와는 달리 어느 특정 선지자가 만들거나, 또는 특정 경전을 바탕으로 하는 종교가 아니다. 힌두교는 인더스 문명에서부터 시작된 수천여 년의 역사 속에 인도에 들어온 여러 종족들의 문화와 종교, 철학, 사상 등이 흡수·동화·융합되어 이루어졌다. 힌두교는 과거의 진리뿐만이 아니라 현재는 물론 미래의 사고와 진리도 수용한다는 의미에서 '영원한 종교' 또는 '진리의 종교'라고 불리기도 하는데 이것은 끊임없이 변화하는 진리를 향해 항상 개방되어 있는 종교라는 의미이다.

인도의 문화, 종교, 철학, 문학의 발전 배경에는 아리아인들의 언어인 산스크리트가 큰 역할을 해 왔다. 산스크리트는 인도 문학의 형성 및 발달의 매체로서 시대에 따라 베다 산스크리트, 고전 산스크리트, 빨리, 쁘라크리트, 아쁘란쉬, 그리고 현대에 이르러서는 힌디, 구자라티, 아쌈어, 마라티, 오리야, 펀잡어, 벵갈리, 네팔어 등 각 공용어와 지역어로 분화 발달되었다. 이처럼 산스크리트는 기원전 십수 세기 전부터 오늘에 이르기까지 여러 시대와 여러 지역에서 인도 문학의 보전과 발전에 중심적 역할을 해 오고 있다.

베다의 신들은 하늘과 땅, 공중에 거처하며 그 신의 수는 보통 서른셋이라고 전해진다. 이 책에서는 베다에 인용된 하늘과 땅과 대기에 있는 신, 그리고 기타 정령 등 약 30여 신의 역할과 기능 그리고 제관과 제주의 기원 등을 살펴보았다.

『리그베다』는 기도와 찬양과 제사를 통해 전쟁의 승리와 장수 그리고 만복을 빌고 신들의 은총을 기원했던 찬가들을 집대성한 것으로서 세계에서 가장 오래된 문학작품이며 『사마베다』는 사제들이 제의를 거행할 때 부르는 찬가집으로 찬가들을 일정한 고저, 장단의 선율에 맞추어 부를 수 있도록 만든 것이다. 『야주르베다』는 사제들이 제사를 지낼 때 제사의 방법을 구체적으로 기술하고 각 신들에 대한 찬가와 제의의 절차와 방식, 공물의 선택, 봉헌의 절차 등에 관한 규정을 기록해 놓은 것이다. 개인의 욕망이나 소원을 이루기 위한 주술적 주문이 다수 포함된 베다가 『아타르바베다』이다. 여기에는 민간신앙, 속죄, 저주, 질병의 치유, 결혼식이나 장례 때 사용하는 주문 등 고대 민중들의 생활과 관련된 다양한 문제들을 해결하기 위한 기도와 주문들이 기록되어 있다. 이들 베다는 철학, 윤리, 사회 질서, 정치학,

천문학, 의학, 심리학 분야의 중요한 자료가 되고 있다.

브라흐마나 문헌들은 해당 베다의 해석과 그에 따른 제사의 방식과 절차를 신학적으로 해석하고, 그 제식의 기원과 의미를 설명하였다. 사제들의 지침서인 브라흐마나 문헌들은 제사 행위의 의미와 결과에 대해 깊이 사색하였다. 브라흐마나의 중심 주제는 제사만능주의이다. 우주의 힘과 신의 위력 또는 신의 불멸성조차도 제사에 의한 것이라고 주장한다. 이리하여 제사를 집행하는 브라만들은 사회의 최고계층을 형성하여 그들만의 특권을 누리고 스스로를 하나의 신이라고까지 자칭하였다.

이후 민중의식이 자각됨에 따라 브라만의 권위가 차츰 약화되고, 형식에 얽매인 브라만교 역시 민중에게서 멀어지기 시작했다. 그러면서 새로운 철학 사상과 종교 운동이 일어나게 된다. 그리하여 기원전 8~7세기에 이르러 자연현상으로 인격화된 신들의 특성을 초월하여 그들의 배후에 있는 통일적인 실재를 탐구하려는 노력이 대두된다.

아란야까 역시 형식적으로는 브라흐마나와 마찬가지로 베다를 설명하기 위한 해설서이다. 하지만 그들은 단순한 제의의 실행보다 제의의 상징적 의의를 밝히는 것을 더 중요하게 생각하였다. 이것은 이 시대의 베다 해석자들이 브라흐마나 시대보다 더 깊고 자유롭게 사유했음을 의미한다.

기원전 6세기 중반에 이르러 제사의식이 지나치게 중요시되고 형식화되자 브라만의 제사만능주의 경향을 거부하고 종교의 참된 가치를 찾으려는 운동이 전개되는데, 그 결과가 우빠니샤드이다. 우빠니샤드는 베다와 관련된 제식적인 상관성도 일부 갖지만, 그 상관성은 제식이 가지고 있는 형이상학적인 의미를 해석하는 데 핵심이 있다. 베다의 형이상학을 논하는 우빠니샤드를 '베단타Vedanta'라고도 부르는데 이것은 우빠니샤드가 '베다의 정수 또는 최고봉', '베다 사상의 결정체'라는 의미이다. 우빠니샤드의 사상적 배경은 항상 변하는 현상 세계를 초월하여 영원한 실재에 도달하기 위해서는 외양적인 의례 행위가 아닌 우주의 영원하고 절대적인 실재 자체를 아는 지식이 필요하다는 것이다. 인간이 알아야 할 자연과 신에 대한 지식에서 출발한 고대 인도인들의 지적 요구는 우빠니샤드로 구현되었으며 그 속에는 수백 년간 수많은 현인들의 사유와 깨달음이 담겨 있다.

　베다시대 브라만교의 형식적·물질적 제사 행위에 대한 회의와 반성은 인도인들에게 큰 자극제가 되어 브라만교에 반대하는 새로운 종교 운동인 자이나교와 불교가 일어나게 된다. 우빠니샤드 사상은 불교를 통하여 동남아 지역은 물론 서구세계의 철학에도 깊은 영향을 미쳤다. 필자는 이 책이 일반 교양서로서 인도의 역사와 문화를 이해하는 데 조그마한 도움이 되기를 소망한다.

2015년 7월
이정호

|CONTENTS|

1장
인도문화와 힌두이즘

1. 인더스 문명의 발굴

인더스 문명이 발굴되기 전까지만 해도 인도의 역사는 아리아인이 지은 베다경전에서 시작되는 것이 일반적인 경향이었다. 미개한 원주민 사회에 고귀한 문화민족인 아리아인들이 이주해 와서 비로소 인도문화의 꽃이 피었다는 것이다. 그러나 인더스 문명의 발굴은 이러한 유럽인들의 주장을 바꾸어 놓았다.

1921년 영국인 존 마샬John Marshall이 이끄는 인도 고고학 탐사단이 하라파를 발굴하였고 그 후 2년 뒤에 모헨조다로를 발굴함으로써 아리아인들이 인도에 들어오기 전에 인더스 강변에는 기원전 3000여 년 전부터 모헨조다로와 하라파를 중심으로, 약 1000여 년 동안 고도로 발달된 거대한 도시 국가 형태의 인더스 문명Indus Civilization이 존재했다는 사실이 입증되었다.

인더스 강 유역은 광활하고 비옥한 토지로 원시 농경민이 정착하기에 적당한 곳이었다. 강의 하류 지역은 바다를 통하여 페르시아와 메소포타미아 그리고 이집트와 교류할 수 있었고, 강 상류의 펀잡 지방은 중앙아시아 지역을 왕래하는 교통의 요지에 위치하고 있었다.

인더스 문명에서 출토된 인장의 그림으로 보아 당시 그곳에는 소, 물소, 양, 코끼리, 낙타 등의 가축이 있었으며 유물로는 목걸이, 팔찌, 반지 등의 장신구와 은, 구리, 청동으로 만든 그릇과 각종 무기, 바퀴 달린 수레도 발견되었다. 또한 공동 우물, 공중목욕탕, 훌륭한 하수시설, 공회당과 재단, 수백 개의 인장 등에서 보이는 인더스 미술의 사실적인 표현, 독특한 장식의 채색 항아리, 여러 가지 상형문자를 만들고 사용한 것을 보면 인더스 문명인들은 고도로 발달된 도시 문명생활을 영위하였다고 생각된다. 인더스 문명인들은 최초의 목화재배자로 알려졌고 전문 장인들이 일상 생활용품과 장신구 등을 만들어 사고파는 상업 활동이 활발히 이루어졌으며 육로와 바다를 통하여 국내외 교역도 성행하였던 것으로 알려졌다.

일부 학자들은 인더스 문명의 주체를 드라비다족으로 보고 있다. 그들은 드라비다족이 아리아족의 침입을 받아 전쟁으로 멸망하고 일부는 남쪽으로 밀려나 현재의 남부 인도에 정착하였으며 그 일부는 아리아족의 하인(수드라)이 되었다고 주장한다.

2. 인더스 문명인의 문화

모헨조다로, 하라파 등 인더스 강 유역의 도시 문명은 사라졌지만, 발굴된 출토품으로 우리는 당시의 종교와 관습을 알 수 있다. 인더스 문명인들은 모신母神, 수신樹神, 남근 Linga, 동물 등을 숭배하였으며, 요가수행과 정화의 목욕을 하였을 것으로 추정된다.

하라파에서는 적갈색 점토 여신상이 여럿 발굴되었는데 이것은 모계사회를 형성하고 주로 농경에 종사하였던 원주민들이 농작물의 풍성한 수확과 다산을 기원했던 것을 의미하며 그들은 창조의 근원인 지모신을 숭배한 것으로 보인다.

나무나 동물(황소)숭배가 성행한 것으로 미루어 모든 자연물에 신성을 인정하는 정령숭배도 행하여졌던 것 같다. 많은 인장에 새겨진 동물들(황소, 물소, 코끼리, 뱀, 호랑이)의 모습은 모두 힘과 다산, 장수를 상징하는 것으로 여겨진다. 또한 인장에 새겨진 요가 자세를 취하고 있는 사람의 모습은 대부분 제의적 의식과 신성을 지닌 인물로 추정하고 있다. 아리아인들은 남근을 숭배하는 비아리아인들을 경멸하고 그들과의 접촉을 금하였는데 이 신앙은 오늘날 힌두교에서 시바 신의 상징으로 광범위하게 숭배되고 있다.

인더스 문명을 담당했던 원주민들의 종교는 결코 소멸된 것이 아니며, 오랜 세월 속에 서서히 베다 종교에 흡수·동화되어 이후 힌두교의 한 부분으로 나타났다. 북인도에 정착한 아리아인들은 베다에 이러한 토착 신앙 요소들을 흡

수함으로써 자신들만의 독특한 신관과 우주관, 삶의 방식
들을 이루어 나갔다.

3. 힌두이즘 Hinduism

1) 힌두교의 성립

힌두교는 기독교나 불교, 이슬람교와는 달리 특정 선지
자(예수, 붓다, 마호메트)가 만들거나, 특정 경전(성경, 코란)을 바
탕으로 하는 종교가 아니다. 힌두교는 인더스 문명에서부
터 시작된 수천여 년의 역사 속에 인도에 들어온 여러 종족
들의 문화와 종교, 철학, 사상 등이 흡수·동화·융합되어
이루어졌다.

인도에는 그 유입 순서에 따라 크게 다음의 다섯 종족이
있다. 첫째, 아프리카에서 아랍과 이란의 해안 지방을 거쳐
인도에 들어와 남쪽 인도 및 인도의 동북부에 살고 있는 니
그리토Negrito족, 둘째, 옛 지중해인의 분파로 생각되는 원시
오스트랄로이드Proto-Australoid족, 셋째, 드라비다족, 넷째, 아
리아족, 그리고 다섯째는 인도의 동북부 아쌈, 부탄, 네팔

등지에 살고 있는 몽골Mongoloid족이다. 이렇듯 오랜 역사의 흐름 속에 인도에 들어온 여러 종족들의 문화와 전통, 종교, 철학 등이 혼합·동화된 것이 바로 힌두교 혹은 힌두이즘이다. 그러나 일반적으로 힌두이즘하면 베다문화의 동의어로 여겨지는데 이것은 힌두문화의 상당한 부분이 아리아족에서 나왔기 때문이다.

앞에서도 언급하였지만 힌두교에 미친 원주민들의 문화적 영향도 간과할 수 없다. 아리아인이 들어오기 이전부터 존재했던 요가, 정화의 목욕, 나무와 뱀, 하천, 동물숭배, 남근숭배, 채식주의, 비폭력 사상 등은 힌두교의 중요한 요소가 된다. 따라서 아리아인의 이주 이전에 인도 대륙에 존재했던 원주민의 생활문화를 바탕으로 거기에 아리아인, 그리스인, 중앙아시아의 여러 민족의 문화가 들어와서 서로 흡수하고 동화·융합된 총체적 생활양식이 힌두문화이고 힌두교이다.

그러나 베다나 브라만의 권위, 바르나제도(카스트caste제도) 등 아리아인들의 문화에서 유래된 여러 제도와 사상이 힌두교의 근간임은 역사적 사실이다. 힌두교의 발아와 바탕이 아리아인의 베다를 기본으로 한 문화에서 기원했음은 두말할 나위가 없다.

2) 힌두교의 다양성

힌두교는 다른 종교들처럼 하나의 단일 종교가 아니라, 여러 가지 다양한 성격의 종교가 혼합된 것으로 볼 수 있다. 그러므로 힌두교에는 다양한 사고와 의식이 포함되어 있다. 넓은 의미로 인도에서 발생한 브라만교, 자이나교, 불교, 시크교 등 모든 종교를 다 힌두교의 한 부분으로 볼 수 있다.

힌두교에는 특정한 교리가 없기 때문에 어떠한 사상이나 이념의 수용도 가능하다. 그 속에는 종교적, 철학적 사고의 모든 유형이 존재한다. 해탈의 수행 방법도 다양하다. 어떤 의미에서 힌두교는 신비롭고 미신적인 애니미즘을 비롯하여 추상적이고 철학적인 각양각색의 종교적 경향을 수용하는 것으로 보이나 이 다양한 종교적 바탕은 베다를 근거로 하고 있다.

힌두교는 과거의 진리뿐만 아니라 현재는 물론 미래의

사고와 진리도 수용한다는 의미에서 '영원한 종교Sanatana Dharma' 또는 '진리의 종교'라고 불리기도 한다. 제한되고 폐쇄되어 있는 것이 아니라 끊임없이 변화하는 진리를 향해 늘 개방되어 있는 종교라는 의미이다. 또한 대부분의 종교가 집단적·조직적 믿음을 강조하는 반면 힌두교는 개인주의 종교로, 각자 자기 가정이나 직장, 사원에서 언제든 종교의식을 행할 수 있다.

힌두교는 엄격한 출생종교이다. 힌두교도인 부모에게서 출생했다는 사실에 의해서 자식들도 힌두교도가 된다. 힌두교도들은 어떤 독특한 교리나 오래된 사상보다는 생활의 모든 영역에서 전통적인 관습과 인습을 지키고 따라야 한다. 그들은 각 카스트가 지켜야 할 다르마(의무)를 지키지 않으면 자신들의 공동체로부터 추방당하기도 한다.

힌두교를 믿는 사람을 '힌두Hindu'라고 한다. 최근 인도의 통계를 보면 전체 인도 인구의 약 70~80% 가량이 힌두이고, 20% 가량은 무슬림이며, 나머지는 시크교도, 기독교도, 자이나교도, 불교도 등이다. 인도 이외의 국가에도 많은 힌두들이 사는 곳으로는 네팔, 방글라데시, 스리랑카 등의 아대륙과 힌두교의 영향을 많이 받은 인도네시아, 말레이시아 그리고 영국의 식민지 시절 반노예나 다름없는 계약조건으로 많은 인도인들이 이주한 남아프리카, 모리셔스, 피지, 가이아나, 트리니다드 앤 토바고가 있으며 오늘날 북미와 유럽 등에도 이민한 많은 힌두들이 그들의 종교를 지키며 살아가고 있다. 예나 지금이나 생활이 곧 종교인 인도인들은 자신들의 정체성을 국가보다는 종교를 통해 찾는다. 그들은 '인도인'이라는 의식보다는 '힌두'라는 같은 종교집단으로서의 의식이 앞선다. 힌두들에게 종교는 개인이 선택할 수 있는 것이 아니라 출생으로 주어지는 자연스러운 '삶의 방식'이다. 이 삶의 방식 안에서 힌두력에 따라 출생, 결혼, 장례 등 모든 의식이 이루어진다.

이러한 힌두교는 이미 기원전에 남아시아 지역뿐 아니라 동남아시아로 전파되었으며 그곳의 토착 요소들과 결합함으로써 각 지역의 독특한 힌두문화를 만들어 냈다.

모든 힌두들은 각자의 카스트에 부과되는 제의와 규칙, 의무를 충실하게 이행함으로써 그들의 내생이 더욱 행복하고 좋아지리라고 믿는다. 해탈을 인생의 궁극적 목표로 하는 힌두들의 공통적인 관념은 업과 윤회 사상이다. 인간과 모든 생명체의 영혼이 죽으면 육체의 형태를 빌려 다시 태어난다고 믿고 있는데, 이것은 영혼이 윤회한다는 생각에서 비롯되었다. 선을 행한 사람들은 높고 고결한 삶을 지니고 다시 태어나며, 악한 행위를 한 사람은 동물이나 낮은 신분의 인간으로 다시 태어난다는 것이다.

2장
인도-유럽어족의 발견과 발달

　　아리아족의 원주거지 및 그들의 이동경로에 관한 추정은 18세기 말 유럽 학자들에 의해 산스크리트가 발견되고서 시작되었다. 유럽인들에 의한 산스크리트의 발견은 선사시대의 역사와 학문에 새로운 과제를 안겨 주었으며, 특히 언어학의 기초를 마련해 주었다. 물론 이보다 훨씬 이전, 아리아족의 지혜를 담은 『빤쯔딴뜨라』와 그 외 산스크리트 문학작품이 중세유럽에 약간 소개되긴 하였지만, 그들의 언어인 산스크리트와 방대한 산스크리트 문학에 대해서는 알려지지 않았다. 17세기 유럽의 몇몇 선교사들이 산스크리트를 알고 있었지만, 대부분의 유럽인들은 산스크리트에 여전히 무관심했었다. 그러나 1786년 2월, 윌리엄 존스Sir William Jones, 1746~1794 경이 산스크리트를 공부한 후, 캘커타에 세운 벵갈 아시아학회Asian Society of Bengal에서 다음과 같은 획기적인 선언을 함으로써 비교 언어학의 기초가 마련되었다.

The Sanskrit language, whatever be its antiquity, is of wonderful structure, more perfect than the Greek, more copious than the Latin, and more exquisitely refined than either; yet bearing to both a stronger affinity, both in the roots of verbs and in the forms of grammar, than could have been produced by accident; so strong that no philologer could examine all there without believing them to have sprung from some common source, which perhaps no longer exists. There is a similar reason, though not quite forcible, in supposing that both Gothick and Celtick, though blended with a different idiom, had the same origin with the Sanskrit.

즉, 그는 산스크리트의 구조가 그리스어나 라틴어보다 더 체계적이고 조직적이며, 이들 언어보다 세련되었고, 또한 이들 세 언어의 동사 어간과 문법이 매우 유사한 점으로 미루어, 아마도 이들 언어가 현존하지 않는 어떤 한 언어에서 나왔을 것이라는 주장을 내놓게 되었다. 또 그는 고딕어Gothick, 켈트어Celtick, 그리고 고대 이란어도 같은 언어군에 속하는 언어라고 말했다. 바로 여기에서 어족 분류의 기초와 비교 언어학의 연구가 시작되었다.

윌리엄 존스의 학설을 토대로 아주 오랜 옛날 어느 한 시대에 이들 언어를 사용하는 종족(아리아족)은 한 장소에 살면서 한 언어를 사용했을 것이라는 가정이 나오게 된 것이다.

아마도 현재는 존재하지 않는 어떤 공통된 근원some common source, which perhaps no longer exists에 관한 연구는 윌리엄 존스가 발표한 지 30년이 지난 1816년에 프란츠 봅Franz Bopp에 의해 처음으로 시도되었다. 그 후 많은 유럽과 미국 학자들에 의해 19세기 후반~20세기 초반 베다어Vedic, 아베스타Avesta, 그리스Greek, 라틴Latin, 고딕어, 올드 아이리시Old Irish 등 언어의 조상으로서의 원시(초기) 인도-유럽어의 근원을 알게 되었으며, 나아가 초기 인도-유럽어의 소리Sound와 어형 변화Inflection의 재현이 가능해졌다. 인도-아리아족의 최고最古 문헌인 리그베다를 기원전 1200년경의 작품이라 주장한 막스 뮐러Max Müller, 1823~1900는 산스크리트가 모든 아리아어의 원어原語라는 결론을 내리면서 이 지구 상의 모든 아리아어가 500여 개의 산스크리트 어근에서 나온 것이라고 주장했다. 산스크리트는 인도-유럽어족 중에서 가장 오래된 언어이며 그것의 문학(베다) 또한 가장 오래된 것임을 기록하고 있다.

이 최초의 인도-유럽어The Primitive Indo-European Language를 사용한 사람들을 어떤 언어학자들은 'Wiros' 라고 부르는데, 이 'Wiros'는 인도-유럽어족의 언어학적인 조상이다. 이 'Wiros'가 정확히 언제 단일 종족으로 살았는지는 알 수가 없으며 오늘날 누가 그들의 진짜 후예인지도 단정할 수 없다. 또, 이들 종족이 사용했던 언어The Primitive Indo-European Language가 어떤 것인지, 그리고 이것이 어디에서 나왔는지에 대해서도 알 수가 없다. 다만, 아리아족이 유럽과 이란 및 인도로 들어가기 전에 그들에게는 한 언어가 있었고 그들이 각각 흩어진 후, 가지고 간 언어는 각 지방의 영향을 받아 서로 완전히 다르게 변화되었을 것이라고 추측할 뿐이다.

1. 고대 인도-아리아어 시대(기원전 1500～기원전 500)

인도에는 수백 종의 언어가 있다고 하나, 어족(어군)별로 구분해 보면, 전체 인구의 75% 이상이 (인도)아리아어를, 20%가 드라비디안어를, 1.3%가 오스트릭Austric어를 그리고 0.85%가 시노-티베트어Sino-Tibetan를 사용하는 것으로 되어 있다.

시노-티베트어는 히말라야 산에서부터 미얀마의 아라칸 산맥Arakan Yoma의 산지에 분포되어 있는 시노-타이어족, 티베트-버마어족의 언어이고, 오스트릭어는 아쌈 지방의 카시어와 빈디야 산맥 동부의 문다어로 남아 있으며 동남아시아의 반도부에 일부 분포되어 있다.

드라비디안어는 세계 다른 지역의 언어와는 관계가 없지만, 인더스 문명의 주체로 추정되는 드라비다족의 언어이다. 드라비디안어는 인도의 남부 4개 주의 뗄루구어(안드라 쁘라데쉬 주), 칸나다어(카르나타크 주), 타밀어(타밀나두 주), 말라얄람어(케랄라 주)로 남아 각각의 주에서 공용어로 사용되고 있다. 많은 인도-아리아어(산스크리트)가 포함되어 있는 네 언어는 데칸 고원 이남의 남인도에서 독자적인 문자를 가지고 고유의 문화와 문학을 계승·발전시켜 오고 있다.

오늘날 인도의 문화, 종교, 철학, 문학의 발전 배경에는 아리아족과 그들의 언어(인도-아리아어)가 큰 역할을 해 왔다. 인도-아리아어(산스크리트)는 인도 문화의 형성 및 발달의 매체로서 시대에 따라 베다 산스크리트Vedic Sanskrit, 고전 산스크리트Classical Sanskrit, 빨리Pali, 쁘라크리트Prakrit, 아쁘프란쉬Apabhramsa, 그리고 현대에 이르러서는 힌디Hindi, 구자라티Gujarati, 아쌈어Assamese, 마라티Marathi, 오리야Oriya, 펀잡어Panjabi, 벵갈리Bengali, 네팔어Nepalese 등 각 지역어Regional Language와 공용어Official Language로 분화 발달되었다. 이처럼 인도-아리아어는 기원전 십수 세기 전부터 오늘에 이르기까지 여러 시대와 여러 지역에서 인도 문화의 보전과 발전에 중심 역할을 해 오고 있다. 인도에서 아리아어는 약

3500여 년 동안 지속적인 발달을 보여 주고 있다.

2. 베다시대의 언어

언어적으로 보면 아리아인의 이주로부터 기원전 6세기까지의 시기를 고대 인도-아리아어 시대라고 부르고 이 시기의 산스크리트를 베다 산스크리트와 고전 산스크리트로 나눈다. 베다문학의 언어는 '베다 산스크리트'이고, 그 이후 우리가 접하는 인도 문학의 대표적인 서사시나 그 밖의 고전과 경전들의 언어는 '고전 산스크리트'라고 한다. 전자가 화석화된 고대어인 반면 후자는 기원전 5세기경 빠니니Panini가 체계적으로 정리한 문법에 의해 교양어로 정제된 언어이다. 산스크리트 문자는 '신의 도시, 도시의 신성한 문자'라는 뜻의 '데바나가리Devanagari'인데 이 문자는 브라흐미Brahmi 문자에서 나왔다.

1) 베다 산스크리트
베다 산스크리트는 베다시대의 산스크리트로, 방언 내지

는 구어에 불과한데 이것으로 쓰인 문헌은 리그베다를 포함한 네 가지 베다와 브라흐마나 문집, 아란야까, 우빠니샤드 등이며 이 언어는 기원전 12세기부터 기원전 6세기까지 사용되었다. 그러나 이들 문학작품의 언어가 모두 동일한 형태는 아니었다. 아리아인은 여러 차례, 여러 그룹으로 나뉘어 인도로 넘어왔는데, 이들 각 그룹의 언어(구어)는 서로 달랐으며 서로 다른 수종의 구어 가운데서 가장 중요한 한 구어가 당시의 문학어가 되었던 것이다.

아리아족의 최고 문헌인 리그베다는 편잡 지역에서 지어졌으며, 그 언어는 문학어였다. 이 문학어는 차츰 변화를 거쳐 브라흐마나 문헌과 우빠니샤드가 쓰인 시기에 와서는 많은 차이를 보인다. 리그베다에도 이미 약간의 드라비디안어가 들어 있으나, 브라흐마나와 우빠니샤드의 문헌에는 많은 차용어가 나타난다. 그리고 이란으로 이주한 아리아인들이 남긴 최고의 문헌인 조로아스터교의 경전 아베스타에서 베다 문헌에 나오는 신들의 이름이나 제사 용어가 발견되고 있는 것으로 보아 두 경전의 언어는 매우 밀접한 관계가 있는 것으로 보인다.

기원전 1000~기원전 600년경 사이에 기록된 브라흐마나 문집을 통해 우리는 베다시대 언어의 상황을 알 수 있다. 당시 아리아어의 구어 형태는 북서 지방North-Western어, 마댜데쉬Midland어, 동쪽 지방Eastern어 등 세 가지가 있었는데 북서 지방어는 오늘날의 북서 변경 지방 및 편잡 북쪽 지방의 언어로 고대 인도-아리아어의 표준어에 가장 가까웠다.

북쪽 지방은 베다문화의 본거지로서 보수적이고 정확한 아리아어가 통용되고 있었다. 동쪽의 언어는 오늘날의 동부 우따르쁘라데쉬 주와 비하르 주의 언어로 북서 지방의 브라만들에 의하면 이 언어는 베다시대의 브라만 사회 및 종교제도를 받아들이지 않은 악마, 야만인 또는 미개인 등으로 불리던 동쪽 사람들 사이에서 사용되었다고 한다.

다시 말해서 북서 지방어는 베다어에 가장 가까운 것이었고, 동쪽 지방어는 베다어에서 가장 많이 변화한 언어였다.

동쪽 지방의 언어에서 중세 인도-아리아어(빨리기원전 5세기~기원후 1세기, 쁘라크리트1~5세기, 아쁘브란쉬5~10세기)의 발전이 시작되는데 북쪽의 아리아어(산스크리트)는 학식 있는 상류 브라만 사회의 언어가 되었으며, 동부 지방의 구어(빨리)는 일반인들이 사용하는 시골 언어(방언)였는데, 붓다와 자이나교의 마하비르가 자기들의 종교와 가르침을 전파하기 위해 이 언어를 사용하였다. 이와 같은 언어의 갈등 속에서 브라만들은 일반 백성들을 무시하면서 오직 자기들과 상류층만을 위한 언어인 산스크리트를 사용하며 동쪽 지방에서 발달된 일반인들의 언어Pali에 배타적인 자세를 취하게 되었다.

빠니니Panini시대까지 베다어는 문학어로 사용되었는데, 이것의 형태가 고정되어 있는 것은 아니었다. 각 지방에 따라 수종의 구어(방언)가 파생되자 지금까지 북부 인도 지방에서 사용되었던 언어를 새로이 파생된 구어와 구분 짓기 위해 기원전 8세기경(기원전 5세기라는 설도 있다) 빠니니가 이를 조직적으로 체계화·문법화시켰다. 빠니니는 베다어를 '데브와니(신의 말)' 그리고 자기가 일정한 형태로 체계화·고정화한 언어를 '바샤'라고 불렀는데 이로써 문어체인 고전 산스크리트가 나오게 되었다. 고전 산스크리트는 북서 지방의 구어(방언)에서 발달된 것으로 기원전 8세기부터 문학어로 사용되어, 인도의 대서사시 『라마야나』와 『마하바

36

라타』로부터 시작하여 무갈 제국의 샤 자한 시대까지 종교와 교육, 철학, 문학의 언어가 되어 인도(힌두)문화의 꽃을 피우게 된다.

2) 고전 산스크리트

기원전 5세기경 문법학자 빠니니가 『아스따댜이*Astadhyayi*』라는 문법책을 통해 산스크리트를 체계화·표준화하고 고정화하였다. 이것을 고전 산스크리트라고 부른다. 이 언어로 『라마야나』와 『마하바라타』 대서사시를 포함하여 『샤쿤탈라』, 『빤쯔딴뜨라』, 『마누법전*Mani-smrti*』 등 모든 경전이 쓰였고 오늘날까지 산스크리트 문장어로 유지되어 오고 있다.

원래 산스크리트라는 말은 '잘 짜여진', '세련된', '잘 만들어진'이란 뜻으로 잘 조합된 과학적인 언어라는 뜻이다. 그러므로 빠니니에 의해 문법적으로 표준화된 산스크리트를 일반 대중이 이해하기에는 매우 어려웠을 것이다. 특히 산스크리트는 문학어로 사용되어 왔기 때문에 일반 대중들 사이에서는 어려운 산스크리트 대신에 대중이 이해하기 쉬운 언어를 사용하려는 변화가 일어나기 시작했다. 여기에서 구어체인 빨리, 쁘라크리트, 아쁘프란쉬 그리고 현재의 수많은 인도-아리아 계통의 언어가 발달하게 되었다. 그 후 산스크리트는 오늘날까지 고전 문학의 문장어로서 계속 사용되고 있다.

빠니니의 최초의 산스크리트 문법책 『아스따댜이』 이후 기원전 6세기경에는 야스까Yaska가 이 책의 주석서인 『니루끄따Nirukta』를 펴냈다. 그 후 기원전 2세기경에는 빠딴잘리Patanjali가 다시 빠니니의 문법책에 대한 주석서 『마하바샤Mahabhashya』를 지었다. 이 세 명의 산스크리트 문법학자들에 의해 이 지구 상의 언어 가운데 가장 잘 발달된 언어인 산스크리트가 오늘날까지 존재하게 된 것이다.

현재 산스크리트는 일반 통용어로는 사용되지 않고 있으며 다만 헌법에 보장된 22개의 공용어 가운데 하나로 지정되어 보호받고 있다. 산스크리트는 인도-유럽어족의 가장 오래된 언어의 뿌리이고 방대한 문학과 종교와 철학의 근본 경전이 산스크리트로 기록되어 있어 이러한 학문을 공부하는 학자나 일부 브라만 상류층 또는 제사의식을 주관하는 브라만들이 사용하고 있다.

3) 고대 인도-아리아어 시대의 문자

'인도에서 언제부터 문자the art of writing가 사용되었는가?'에
대해서는 지난 100여 년 동안 유럽과 인도의 많은 역사가,
언어학자들이 수없이 연구해 왔지만 아직까지도 논란의 대
상이 되고 있다. 이에 관한 연구도 1784년 윌리엄 존스가
아시아의 역사, 언어, 문학 등의 연구를 위해 캘커타에 벵
갈 아시아학회를 설립한 이후부터 시작되었다.

19세기 말까지 대부분의 유럽 학자들(게오르그 뷜러Georg
Bühler, 1837~1898, 막스 뮐러)은 기원전 4~3세기 이전에 인도에 문
자의 사용은 없었으며 따라서 그때까지의 모든 문학은 입
에서 입으로 전해 내려오는 구전 문학이었다는 것과 인도
에서 가장 오래된 문자는 아쇼카 대왕기원전 272~232의 비문에
새겨진 브라흐미Brahmi 문자인데, 이 문자는 어떤 외국 문자
Phoenician Alphabet에서 나왔다고 주장했다. 다시 말해서 인도
인들은 외국으로부터 문자 사용법을 배웠다는 주장이다.

인도 학자로서는 처음으로 고리샹카르 히라쨘드 오자

Gaurishankar Hirachand Ojha가 1894년 『바라띠여 쁘라찐 리삐말라(인도의 고대문자)』라는 책에서 기원전 5세기부터 현대에 이르기까지의 인도 문자의 그림을 통해, 상호관계와 그 체계적인 발전 과정을 예시하여 서구 학자들의 주장을 반박하였다. 그러나 '오자'가 인도의 문자에 관계되는 모든 문제의 해답을 제시한 것은 아니었다.

'오자' 이후 오늘날까지 여러 사적지 발굴과 문헌(베다, 브라흐마나 문집, 빠니니의 아스따댜이, 야스까의 니루끄따, 우빠니샤드, 마하바라타, 스므리띠, 까마수뜨라 등) 연구 등의 결과 베다시대는 물론이고 그 이전에 이미 문자의 사용이 있었으며 고대 산스크리트 문학 또한 구전에 의해서뿐만 아니라 기록으로도 보존되어 왔다는 결론에 이르게 되었다. 만약 베다시대에 문자의 사용이 있었다면 그 당시에 손으로 쓴 문헌이 어찌하여 존재하지 않느냐 하는 의문이 제기된다. 이에 대해 '오자'는 자작나무 껍질이나 종려나무 잎 또는 종이에 쓴 글자는 인도와 같은 기후 여건하에서는 수천 년을 견뎌 내지 못한다고 주장한다.

그러나 돌이나 금속에 새긴 글자는 아주 오랫동안 보존

되어 있는데, 그 좋은 보기가 이 지구 상에서 가장 오래된 문자로 알려진 하라파와 모헨조다로에서 발굴된 문자라는 것이다. 하라파와 모헨조다로의 인장에 새겨진 문자가 발굴됨으로써 베다시대 이전부터 문자의 사용이 있었다는 것이 입증되었다. 인더스 문명 발굴에서 나온 이 문자를 센다우 문자라고도 부르는데 학자들은 일반적으로 기원전 4000여 년 전의 것으로 보고 있다.

하라파와 모헨조다로에서 발견된 여러 인장 중에는 동물들의 그림과 당시 문자로 새겨진 글도 있으나 불행하게도 아직까지 해독을 하지 못한 채 수수께끼로 남아 있다. 여기에서 발견된 문자(그림)의 개수도 396개, 288개, 253개 등으로 다양하다. 또한 이 문자가 상형문자Pictographic Script냐 아니면 표의문자Ideographic Script 또는 표음문자Alphabetic Script냐 음절문자Syllabic Script냐 하는 것도 논란의 대상이 되고 있다.

이 문자가 어디서 어떻게 발전되었는가에 대해서도 여러 학설이 있다. 그중 베델L. A. Vedel은 인더스 문명의 문자는 수메르 문자에서 나왔다고 주장한다. 그에 의하면 기원전 4000년 전에 신드 지방에 수메르인이 살았는데 그곳에 그들의 언어와 문자가 보급되었다는 것이다.

모헨조다로와 하라파에서 나온 문자 이외의 현존하는 가장 오래된 문자로는 기원전 5세기부터 기원후 350년 사이에 비문에 새겨진 브라흐미 문자인데 이것은 왼쪽에서 오른쪽으로 쓰였다. 인도에서 나온 대부분의 비문은 마우리아 왕조의 아쇼카 대왕 때, 다시 말해서 기원전 3세기 무렵의 것이다. 기원전 3세기 이전의 것으로는 아즈메르의 바랄리 마을에서 발견된기원전 443 석주 조각에 새겨진 문자와 네팔 삐쁘라와의 스뚜빠 속에서 나온기원전 487 이후 그릇에 새겨진 것뿐이다. 이 둘은 현재 남아 있는 브라흐미 문자 중 가장 오래된 것으로 아쇼카 대왕 시대의 문자와 특별한 차이가 없다.

19세기 말부터 20세기 초 유럽과 인도의 학자들 사이에는 브라흐미 문자가 어디서 나왔는가를 두고 많은 논쟁이 있었다. 인도의 학자들은 인도에 들어온 아리아족이 독자적, 독창적으로 만든 문자라고 주장한다. 반면 유럽의 학자들은 기원전 4~3세기 이전에 인도에 문자 사용은 없었다는 주장을 입증하기 위하여 이 문자가 어떤 외국 문자(Semitic

Persian, Greek)에서 발전하였을 것이라고 주장했다.

그러나 최근의 일반적인 학설은 브라흐미 문자의 창안을 인도에 들어온 아리아족이 한 것인데 다만 그것이 언제 창안되었으며 초기 형태가 어떠했는지 그리고 기원전 5세기 이전까지 그것의 발전 과정이 어떠했는지에 대해서는 아직까지 그 해답을 얻지 못하고 있다. 다만 많은 인도의 학자들은 브라흐미 문자와 인더스 문명 발굴에서 나온 몇몇 문자와의 유사점을 들어 브라흐미 문자가 인더스 문명 문자(센다우 문자)에서 나왔을 것으로 추정하고 있다. 인더스 문명 문자에서 기원전 5세기 브라흐미 문자 시대까지 약 3000여 년 동안의 기간에 인더스 문명 문자가 어떻게 변천, 발전하였는지에 대해서는 아무런 자료가 없다. 브라흐미 문자는 1837년 영국의 고고학자이고 당시 동인도회사의 관리인 제임스 프린셉James Prinsep에 의해 해독되었다. 그리고 오늘날 데바나가리 문자, 자바 문자, 크메르 문자, 미얀마의 몬 문자, 티베트 문자, 타밀, 타이, 한글과 몽골 문자도 브라흐미 문자에서 나왔다고 주장하고 있다. 당시 브라흐미 문자 이외에 오른쪽에서 왼쪽으로 쓰는 '카로스티

Kharoshthi'라는 또 다른 문자가 있었다. 브라흐미 문자가 인
도 전역에서 사용된 반면 이 문자는 인도의 북서 변경인 편
잡의 간다라 지방에서만 사용되었다.

3장
아리아족의 이동

1. 아리아족

오늘날 인도 문화의 주류를 형성한 아리아인들은 눈과 코가 크며 흰 피부에 비교적 큰 체격을 가지고 있다. 그들은 스스로를 아리아Arya, 즉 '고귀한 신분의 사람'이라고 자부하였다.

아리아족이 어디서 왔는가에 대해서는 여러 학설이 있다. 소아시아의 고원지대Asia Minor Highlands에서 왔다는 설(세르히Sergi), 중앙아시아에서 왔다는 설(뮐러), 유럽의 어느 곳 Somewhere in Europe(Eastern Russia, Southern Russia, Northern Germany,

Scandinavia, Hungary, Poland)이라는 설(랜섬Lantham), 유라시아 평원Eurasian Plain이라는 설(브란덴슈타인Brandenstein) 등이 있다.

역사학자들은 기원전 2000년경 인도-유럽어족의 유목민인 아리아인이 새로운 목초지를 찾아 원거주지를 떠나 다른 지방으로의 이주를 시작했을 것으로 추정한다. 그 일부는 서쪽으로 향하여 유럽의 여러 민족이 되었고 다른 일부는 동쪽의 이란 지역으로 이주하였다. 이들을 인도-이란인이라 부르는데 그 일부는 이란으로 들어가 이란인이 되었으며, 조로아스터교의 성전 『아베스타』를 성립시켰다. 그들의 일부가 기원전 1500년경 또다시 남동쪽을 향해 힌두쿠시 산맥을 넘어 북서 인도로 들어가서 인더스 강 상류의 펀잡 지방에 정착하였다. 그들이 인도-아리아인이며, 브라만교의 성전 『리그베다』를 편찬하였다.

아베스타와 리그베다에는 신의 이름과 제례의식에 관해 공통된 어휘가 많다. 이러한 사실은 일찍이 두 민족이 한 종족이었으며 공통의 생활 및 종교를 가지고 있었음을 말해 준다. 또 이란인들이 'S'를 'H'로 발음하기 때문에 'Sindu'를 'Hindu'로 읽었다. 여기서 힌두, 힌두스탄이라는 말이 생겨났다.

아리아족의 이란에서 인도로의 이동기원전 1500년경은 여러 세대에 걸쳐 일어난 과정으로 보인다. 아리아족들은 베다 문학에 아무런 기록 —이란에서 인도로 이주— 을 남기지 않았는데 이것은 그들이 인도를 전혀 새로운 나라로 생각하지 않았기 때문이다. 아리아족은 이란에서 인도(신드 지방)로 들어오면서 그들이 싸운 비아리아 사람들(납작한 코에 검은 피부 그리고 도덕 수준이 낮은 사람들)을 리그베다에 'Dasa' 또는 'Dasyu'라고 기록하고 있는데 이들 원주민이 어떤 인종에 속한 종족이었는지 또는 어떤 언어를 쓰고 있었는지는 아직 밝혀진 것이 없다. 아리아족이 인도로 들어왔을 때 북쪽에는 아카드Accad인들이 살고 있었으며 동쪽에는 황인종들이, 서쪽에는 셈Sem족과 콥트Copt인들이, 남쪽에는 드라비다인들이 살고 있었다.

그러나 일부에서는 아리아족이 외부에서 들어오지 않았다고 주장하는 학자들도 있다.

람다리 싱 딘까르Ramdhari Singh Dinkar는 아리아족의 가장 오래된 문헌인 베다가 인도에만 있다는 사실과 만약 아리아족이 다른 나라에서 인도로 들어왔다면 그들이 먼저 살았던 장소의 이름을 베다에 언급하였을 것이라는 점을 지적하였다. 그리고 서구 학자들의 주장대로 만약 아리아족이 중앙아시아, 혹은 소련의 남쪽에서 살다가 유럽과 인도로 각각 이주해 갔다면 아리아족들이 베다와 같은 문학작품을 자기들의 본거지에 남겨 두었을 것이라고 추정한다. 또한 베다시대의 문학작품 속에 그들이 북서쪽에서 넘어왔다는 이야기가 전혀 없으며, 그 반대로 '사라스와띠' 강변에서 사방으로 흩어져 갔다는 기록과 베다에 '솜라따'라는 강이 나오는데 이 두 강은 편잡 주의 북쪽에 위치하고 있다는 사실 등으로 아리아족의 본거지가 편잡일 것이라고 주장한다.

아리아족들은 베다에 자신들이 살고 있는 나라를 '사쁘뜨-센다우(일곱 개의 강으로 둘러 싸인 나라, 다시 말하여 편잡을 지칭함)'라고 불렀으며, 그다음에는 '브라흐만 와르뜨', 또 그후에는 '마댜데쉬(히말라야 산맥과 빈댜 산맥 그리고 꾸루크세뜨르와 쁘라야그 사이의 나라)'라고 불렀다. 이러한 사실로 미루어 아리아족은 인더스 강 부근에서 남동쪽으로 —편잡에서 쁘라야그로— 이동해 갔다고 추측하기도 한다. 그래서 아리 아족이 원래 '브라흐만 와르뜨'라는 나라에서 살다가 이란 및 유럽으로 이동한 것이라고 주장한다.

아리아인들은 인간의 한계를 넘어선 자연의 힘을 지배하 는 영들의 세계를 숭상하였고 인간에게 복과 화를 가져다 주는 이러한 신들에게 보호와 은총을 빌기 위하여 제사를 지냈다. 그들이 숭배하는 신을 찬미하고 그들의 영웅을 칭 송하며 기록한 것이 베다이고 산스크리트 문학의 시작인 것이다. 아리아인들이 인도 대륙에 들어와 베다를 정착시 킨 이 시기를 베다시대라고 부른다.

2. 베다시대의 사회

인더스 문명의 원주민들이 모계사회를 이루고 농경에 종 사하고 있었던 반면 아리아인들은 유목민으로서 부계사 회를 형성하고 있었다. 아리아족의 인도 이주라든가 그 후 그들의 생활에 관해서는 그들의 문학작품인 베다를 통해 서만 알 수 있다. 리그베다에도 아리아인이 인도로 이주하기 이전 시대에 관한 기록은 없다. 리그베다는 인도에서 완성된 것으로 여기에 나오는 지리적 명칭도 모두 인도 안의 지명이다.

리그베다에 나타난 문화는 펀잡 지방으로부터 사라스와띠 강(지금의 델리 서북부)을 무대로 형성된 것으로 추정된다. 특히 아리아인의 갠지스Ganga 강 유역으로의 이동은 리그베다가 편찬된 시대부터 서서히 이루어진 것으로 보인다. 후기 베다 문헌에 보이는 지리와 풍물은 갠지스, 야무나 두 강의 상류 지역을 중심으로 나타나고 있다.

그들은 갠지스 강 유역으로 이주하면서 농경생활 속에 촌락을 형성해 나갔다. 그들은 감정이 풍부하고 호쾌하며 문학적인 감각이 뛰어난 종족으로 인간과 자연현상에 대해 생각하고 신비스러운 자연현상 —번개, 천둥, 비, 태양, 불, 달 등— 의 힘에 자기들의 안전과 번영이 달려 있다고 믿고 그들을 의인화하고 신격화하여 숭배하였다.

그들은 비, 질병 퇴치, 전쟁에서 승리, 또는 가족이나 동물들의 건강 등을 위해 동물을 잡아, 술Soma과 곡식 등을 제단 위에 올려놓고, 주문을 외우면서 제신들에게 기원했다.

그들이 숭배한 주요 신으로는 '아그니(불의 신)', '바루나(우주의 통치자)', '인드라(모든 신들의 왕)', '뿌샨(태양신)', '솜(달의 신)', '우샤(여명의 신)' 등이 있었다.

4장
베다의 신들

인더스 문명의 원주민들은 모계사회 속에서 주로 농경에 종사하고 지모신이나 뱀, 하천, 수목, 남근 등을 숭배하였다. 이에 반하여 아리아인들은 부계사회의 유목민으로서 자연현상을 의인화한 신들을 숭배하고 있었다. 초기 베다 시대에 신들은 하늘, 땅, 물, 불, 비, 바람, 해, 번개 등 자연이나 자연현상의 위력을 인격화한 자연신으로, 주로 남성적인 신들이 지배하고 있었다. 베다의 신들은 인간을 초월한 신성을 가진 불사의 존재이면서도 인간적인 면을 지니고 선과 정의를 수호한다. 신들끼리 다투기도 하지만 상하의 구별은 없었다.

신과 인간과의 관계는 상호의존적으로 신은 인간의 숭배
와 제사에 기뻐하고 인간의 죄악을 벌한다. 하지만 어려움
이나 위험에 직면하여 구원을 요청하거나 속죄하는 자에게
는 관대함과 은혜도 베풀고 그 죄를 사면해 주기도 한다.

베다의 신들은 하늘, 공중, 땅에 거처하며 그 수는 보통
서른셋이라고 전해진다. 후기로 갈수록 신들 상호간의 분
명한 특성도 없고 하나의 신이 제례 때마다 각기 다른 이름
으로 불리는 소위 교체신적인 모습을 보이기도 하여 정확
한 숫자를 말하기는 어렵다. 여기에서는 신들의 영역을 중
심으로 다음의 세 갈래로 나누어 베다시대의 신들을 구분
하고 그들의 역할을 알아보기로 한다. 신들에 대한 찬미의
노래는 1028개나 되지만 거의 인드라, 아그니, 소마 신에
대한 노래가 많다.

1. 천상(하늘영역)의 신들

1) 디아우스 Dyaus

하늘의 통치자, 하늘의 아버지로 불린다. 지신地神 쁘리트

비와 함께 우주의 부모 역할을 하는 신이다. 이들 두 신은 늙지 않고 아름다우며 부모로서 만물을 보호하고 풍부한 양식을 생산한다. 인드라와 아그니는 이 두 신 사이에서 나온 자식들이라고도 한다.

하늘과 땅 이 둘 중에 누가 먼저이고, 누가 나중일까? 이들은 어떻게 탄생했는가? 오, 현자들이여, 누가 이것을 알 수 있을까? 그들 스스로 모든 만물을 품고 있네. 두 개의 바퀴처럼 낮과 밤이 맞물려 돌아가네.

이들 둘은 발도 없고 걷지도 못하는데, 부모의 무릎에 앉아 놀고 있는 아이처럼 움직이며 발을 가진 수많은 태아를 품고 있네. 하늘과 땅의 신이여, 무서운 악으로부터 우리를 보호하소서.

나는 아디띠야의 신성하고 경건한 은총을 구하오니, 악을 추방하고 적을 내쫓고 죽음으로부터 우리를 구해 주소서. 하늘과 땅의 신이여, 악에서 우리를 보호하소서.

신들의 어버이인 두 세계, 우리는 그 둘을 밤낮으로 섬기고 기쁘게 하고자 하오니, 하늘과 땅 두 신이여, 우리를 고통에서 해방시켜 주소서.

우리가 한때 신들에게 혹은 친구나 가장에게 지은 어떠한 죄
가 있더라도 이 기도로써 그것들을 용서받기를 기원하나이
다. 하늘과 땅의 신이여, 무서운 악으로부터 우리를 지켜 주
소서.

— 『리그베다』, 1. 185. 1~4, 8

2) 바루나 Varuna

바루나는 우주적 질서를 인격화한 신이다. '바루나'라는
뜻은 세상을 덮고 있는 자, 즉 우주의 통치자를 의미한다.
베다시대 초기에는 바루나가 도덕의 통치자로서 모든 아
리아 신들 가운데 가장 우월한 위치에 있었다. 바루나 신은
우주의 질서인 '리따Rita'를 유지 보존하는 존재로 모든 물리
적 운동과 현상은 바루나의 통치하에 있었다. 리따는 인간
들의 세계와 신들의 세계를 통괄하는 우주 질서의 여러 가
지 양상을 규제하고 관장하는 최고 법을 의미하는 것으로
천칙, 진리와 같은 개념이다. 바루나는 리따를 아주 엄중히
수호했기 때문에 아리아족이 두려워한 유일한 신이었다.

이 신은 1000개의 눈을 가지고 황금색 옷을 입고, 아그니를 얼굴로 하고, 수르야(태양신)를 눈으로 하고, 바유를 호흡하며, 별들을 사자使者로 삼고, 때로는 마차를 타고 창공을 달리기도 한다. 하늘을 나는 새, 흐르는 강물, 사람들의 마음, 비밀 이야기까지도 다 알고 있는, 과거와 현재 그리고 미래를 꿰뚫어 보는 절대적 위력을 가진 전지전능한 신이다. 그는 윤리, 도덕을 다스리는 사법신으로서 우주의 질서를 유지하고 인간의 행위를 감시하고, 죄악을 폭로하고, 벌도 주고, 회개하면 용서하기도 한다.

　그대가 하신 일은 진실로 거룩하고 현명하다. 세계를 두 개로 쪼개어 그 자리에 있게 하였으니, 그대는 숭고한 하늘과 빛나는 태양을 저 높은 곳으로 들어 올리고 그 아래에 땅을 펼쳐 놓았다.
　나는 홀로 생각하며 마음속으로 묻는다. 오, 어느 때에 나는 위대하신 바루나와 더불어 살 수 있을까? 그대는 나의 선물을 노여워하지 않고 기쁨으로 받아 주실까? 언제 편안한 마음으로 자비로운 신을 뵈올 수 있을까?

더 없이 높으신 신이여, 나의 죄가 무엇인가를 알고자 나는 내 마음의 순수함을 모아 자문합니다. 그러나 현자는 언제나 바루나 신은 너를 노여워하고 있다고 대답합니다.

오, 바루나 신이여, 나의 무거운 죄가 무엇입니까? 그리하여 신께서 신을 칭송하는 이 가창자를 벌하려 하십니까? 전지전능한 신이여, 그대를 속이지 않고, 죄를 씻고, 열심히 그대를 경배하오리다.

우리 조상이 지은 죄로부터 우리를 해방시켜 주시고 우리들 자신이 저지른 잘못으로부터 우리를 해방시켜 주소서. 왕이여, 이 바시슈타Vasishtha를 풀어 주세요, 가축 도둑이나 송아지가 족쇄에서 풀려 해방을 얻듯이.

신이여, 노름하고 음주하고 분노하고 경솔함은 저의 본의가 아니라 마음속의 악(유혹) 그 자체입니다. 아랫사람의 잘못은 윗사람에게 원인이 있나니, 잠들고 있는 중에도 잘못을 막을 수 없나이다.

풍요로우신 신을 위해 노예처럼 몸 바치리라, 아무런 불평 없이 자비로우신 그대를 위하여 몸 바치리라. 너그러우신 신께서 우둔한 자를 일깨우시고 당신의 지혜를 소망하는 자들에게 부를 주소서.

오, 무적의 신- 바루나여, 당신을 찬송하는 이 노래, 당신 가까이에 가기를 원하나이다. 저희들에게 평화를 주시고, 편히 쉬고 일하게 하소서, 오, 신이여 당신의 축복으로써 언제나 저희들을 지켜 주소서.

— 『리그베다』, 7.86.1~8

경솔한 마음의 잘못으로 어느새 죄를 이 몸에 지녔나이다. 청정한 신이여, 어여삐 여기사 연민을 베푸소서. 바루나여, 우리들이 인간이기에 신들에게 잘못을 저지르더라도 혹은 어리석음으로 그대의 규율을 어기더라도, 신이여, 그 죄 때문에 우리를 해치지 마소서.

— 『리그베다』, 7.89.3~5

3) 수르야Surya

베다에는 자연현상 가운데서 태양을 형상화한 신들이 가장 많다. 수르야는 하늘의 눈으로 묘사되어 인간들의 행동을 감시한다. 다른 태양신이 추상적인 데 반하여, 수르야는 구체적으로 뜨겁게 빛나는 해를 가리키고 있다. 많은 신들이 수르야와 연관이 있는데 미뜨라(친구)와 바루나는 그의 길을 준비하고 만든다. 뿌샨(태양신)은 그의 메시지를 전달하는 사자使者이며, 여명의 신인 우샤는 그의 부인이다. 수르야는 그의 빛으로 어둠과 사악한 세력을 물리치고 인간에게 광명과 행복을 가져오는 신으로 칭송되고 있다.

햇빛은 신을 향하여 올라가니 신은 우리의 삶과 죽음을 아는 자로다.

그러므로 만물은 태양을 바라본다.

만물을 보는 태양 앞에 별들은 마치 도둑이 도망가듯 밤과 더불어 소리 없이 물러난다.

이제 햇살은 인간세상을 곳곳이 비추며 이글거리는 불처럼 활활 타오르며 빛을 발한다.

모두에게 보이며 운행해 나아가는 그대는 빛의 창조자. 오 태양이여 그대는 빛을 내며 온 천하를 비추네.

수많은 신을 향하여 인류를 향하여 그대는 솟아오르네, 만인이 그대를 볼 수 있도록.

오 정화자여, 그대는 눈이니 인간세상의 모든 생명을 본다.

오, 위대한 최고의 신이여.

하늘을 가로지르고 어두운 곳을 지나 그대는 밤으로 낮을 측정해 낸다. 오, 태양이여 그대는 모든 세대를 다 보고 알고 있네.

일곱 마리의 암말이 그대가 탄 마차를 끌고 있네. 오, 태양신이여, 불타오르는 머리를 가진 빛나는 자여.

그는 찬란한 일곱 딸들을 멍에에 매였으니 이들은 태양 마차의 딸들, 이들 무리를 이끌고 그는 앞으로 나아가네.

어둠을 뚫고 더욱 높은 빛을 향하며 우리는 방향을 잡는다. 우리는 신들 중의 신, 태양신, 그 가장 높은 빛에 이르렀다.

오, 사랑의 위대한 태양신이여, 높이 솟아올라 하늘에 올라가 내 마음의 병을, 비뚤어진 편견을 저 멀리 보내소서.

참새와 앵무새에게 나의 편견을 옮겨가게 해 주시고, 저 노랑 새에게 나의 편견을 옮겨가게 해 주소서.

무한한 힘을 가진 그대는 전력을 다하여 올라갔네. 나를 위하여 적들을 물리치고 나로 하여금 승리케 하였네.

— 『리그베다』, 1.50.1~13

보이지 않는 것도 삼켜 버리는 자, 동쪽 산에 떠오르는 태양을 보라. 보이지 않는 모든 것과 밤의 악령들도 불살라 버리네. 산 위에 떠오르는 태양신이 있나니 모든 것을 태워 버리네. 언덕 위로 떠오르는 태양신 아디띠야는 모든 것을 바라보는 자로서 보이지 않는 것을 소멸시키네.

— 『리그베다』, 1.191.8~9

바루나와 미뜨라의 눈이신 태양에게 경의를 표하라. 이 위대한 신에게 엄숙한 경배를 드려라. 그분은 멀리 바라보시는 자요, 신들의 기수로다. 디아우스의 아들, 수르야를 찬양할지어다.

먼 옛날부터 날개 달린 얼룩 군마를 몰고 가는 그대를 끌어내린 불경스러운 자는 지금까지 아무도 없었나이다.

오, 수르야여! 그대는 빛으로 어둠을 몰아내고 모든 움직이는 것들을 움직이게 하나이다. 모든 약하고 가치 없는 제사들을 삼가게 하시고 모든 질병과 사악한 꿈을 내쫓으소서.

수르야여! 우리가 오래 살게 하여 그대를 늘 바라보게 하소서. 오, 멀리 바라보는 자여. 영광스러운 빛을 가져오는 자여. 그대가 산 위에 떠오를 때 빛의 홍수가 쏟아지는 것처럼 모든 눈동자에 기쁨의 샘이 되는 빛나는 신이시여.

그대의 은총에 모든 살아 있는 세계가 뒤따라 나올 것이며 그대의 빛줄기에 살아 있는 세계도 다시 안식을 얻을 것입니다. 오, 황금의 머릿결을 가진 수르야여! 날마다 우리를 위해 떠오르소서! 늘 순수한 세계를 가져다주소서.

찬란한 빛으로 우리를 축복하시고, 완전한 햇빛으로 우리를 축복하소서. 뜨거운 열기와 광채로 우리를 축복하소서.

오 수르야여! 많은 풍요로움을 내려 주시고 가정에서나 여행을 하는 동안에도 우리를 축복하소서.

— 『리그베다』, 5.37.1, 3~10

4) 미뜨라 Mitra

태양신의 일종인 미뜨라(친구)는 태양의 어떤 측면을 형상화한 것인지 확실치 않다. 아래의 찬가에서 미뜨라는 천지를 보존하고 인간에게 노동과 제사를 지내게 하는 신이다. 미뜨라는 제사를 드리는 자에게 공물을 바치게 하고 세계를 보호하며 경건한 자들에게 자비를 베풀고 범법자들에게는 벌을 내린다.

미뜨라여, 그대는 인간들을 화합하게 하고 하늘과 땅을 떠받 치십니다. 그대는 늘 인간을 주시하고 계십니다. 미뜨라에 게 거룩한 기름과 공물을 바치노라.

미뜨라여, 의식에 따라 그대에게 복종하며 제물을 바치는 자 들을 영광되게 하소서.

오, 미뜨라여! 그대가 돕는 자는 결코 살해당하지 않으며 가 까이에서나 멀리에서나 결코 재난이 닥치지 않습니다.

성스러운 음식을 즐기며 병들지 않고 광활한 대지 위에 무릎 을 꿇고 아디띠야의 법칙을 지키노니 우리가 미뜨라의 은총 속에 살게 하소서.

바르게 통치하는 왕이요, 친절하고 경외하는 이 미뜨라는 지 도자로 태어났습니다. 거룩한 그의 은총 속에 우리가 머무르 게 하소서.

찬양과 경배를 받아야 할 위대한 미뜨라여, 숭배하는 자에게 가장 친절한 그는 사람들을 화합케 하노니, 가장 높이 찬양 받을 미뜨라에게 흡족히 받으실 이 제물을 바치노라.

사람들을 지지하는 신, 미뜨라의 호의는 부를 가져오고, 그의 부는 위대한 명성을 가져오도다.

위대한 미뜨라! 그는 자신의 위대함으로 하늘을 능가하고, 자신의 영광으로 대지를 능가하도다.

— 『리그베다』, 3.59.1~7

5) 비시누Visnu

태양신 수르야가 마차를 타고 해의 길을 따라 달리는데, 그 빛의 작용을 신격화한 신이 비시누이다. 이 신은 우주를 세 걸음으로 걷는다고 하는데 이것은 그가 새로운 우주공간을 창조하는 것으로 이해된다. 베다시대에는 아직 주목받지 못한 신이었으나, 이후에는 우주의 창조자 브라흐마, 파괴와 재생의 신 시바 그리고 우주를 유지 보존하는 비시누 즉 3대 신의 하나로 주요 신의 지위에 오른다. 비시누의 위대함을 노래한 찬가는 다음과 같다.

그는 큰 보폭으로 세 걸음을 걸어서 땅을 구분해 냈고, 가장 높은 천상의 나라를 세웠다. 나는 비시누의 위대한 행위를 찬양하노라.

이로써 비시누의 위대한 행위가 찬양을 받으니, 그는 산속의 사나운 들짐승처럼 이리저리 다니네. 모든 피조물은 그의 큰 세 걸음의 영역 속에 사는구나.

산속에 살면서, 홀로 큰 세 걸음으로 세계를 만들어 낸, 큰 보폭의 황소 비시누, 그대에게 이 찬양의 노래가 들리게 하소서.

그의 세 발자국 속에 담긴 무한한 꿀로 기뻐하라. 그는 홀로 땅과 하늘과 모든 피조물을 지탱하고 있도다.

사람들이 신들을 사랑하고 기뻐하는 그곳; 그의 안식처에 내가 이르리다. 비시누가 걸어간 가장 높은 그곳, 비시누 바로 곁에 꿀샘이 있네.

많은 뿔을 가진 가축들이 있는 곳, 우리는 그대 비시누가 머무는 곳에 가고자 하나이다. 큰 보폭의 황소 발자국이 있는 지극히 높은 그곳은 밝은 빛이 빛나는 곳입니다.

— 『리그베다』, 1.154.1~6

6) 우샤Usha

우샤는 아침 해가 뜨기 전, 아침 햇살에 비친 동쪽 하늘의 붉고 아름다운 모습과 능력을 신격화하고 형상화한 것이다. 이 여명黎明의 신 우샤는 어둠과 악마를 쫓고 사람들의 길을 밝히고, 숨은 재물을 찾아 주는 등의 은혜를 내리고 땅 위의 모든 것들에게 번영을 가져다준다. 우샤는 하늘의 딸이요, 아그니와 자매 관계라고도 하고 수르야의 아내라고도 하며 태양이 우샤의 뒤를 따르기 때문에 태양은 우샤의 연인이라고도 한다.

보라, 새벽의 여신들이 그들의 빛나는 빛으로 하늘 동쪽 어느 곳에 깃발을 꽂았네. 전쟁을 위하여 무기를 뽑아 든 맹렬한 영웅들처럼, 황갈색의 암소가 돌아오네.

붉은 황금색 빛이 유유히 솟아오르네. 황갈색 암소들이 멍에를 가볍게 걸머쥐고. 새벽의 여신은 늘 그들의 독특한 빛을 사방으로 퍼뜨리며 더욱 새빨갛게 타오르네.

그들은 일에 분주한 여인들처럼 노래 부르며, 늘 멀리서 길을 달려오네. 선한 일을 하고 관용을 베풀며, 제사를 지내면서 소마즙을 짜는 사람들에게 날마다 신선한 음식을 가져오네.

춤추는 무희처럼 우샤는 빛나는 장식을 하고, 암소가 부풀어 오른 젖을 젖통에 짜듯이 우샤도 젖가슴을 벗네. 새벽의 여신은 온 우주에 빛을 창조하면서 암소가 외양간 문을 박차고 나오듯이, 어둠을 제치고 나오네.

여신의 빛나는 불꽃이 다시 또 보이네. 자신의 빛을 비추며 어둠의 괴물을 몰아내네. 사제가 말뚝을 박고 화려한 장식으로 제단을 꾸미듯이, 하늘의 딸도 놀라운 광휘를 드리웠네.

새벽의 여신이 맑은 빛살을 퍼뜨려 우리는 이 어둠의 깊은 장벽을 넘어섰다. 연인의 밝고 우아한 미소처럼 예쁜 얼굴로 우리를 깨워 기쁘게 하네.

고타마Gotamas는 풍부한 선물을 가져다주는 하늘의 빛나는 딸을 노래하네. 새벽의 여신이여, 그대는 우리에게 자손의 번영과 강건함을 주시고 가축에서 시작하여 말들로 절정을 이루는 승리의 보상들을 주십니다.

오, 놀라운 영광의 빛을 발하시는 새벽의 여신이여. 그대의 빛으로 얻은 위대한 승리의 힘으로, 나로 하여금 종들의 무리에서부터 영웅들에 이르는 위대한 영광의 부요와 명성을 누리고 용감한 자손을 갖게 하소서.

새벽의 여신은 멀리서부터 서쪽으로 널리 빛을 발하며 모든 눈동자를 똑바로 응시하고 모든 피조물을 내려다봅니다. 만물이 살아나도록 일깨우는 여신은 영감에 가득 찬 시인들의 찬미를 알아듣습니다.

아름다운 색상의 옷을 입고 거듭 새롭게 탄생하는 그대의 여신은, 교활한 도박꾼이 판돈을 쓸어가듯 사람의 일생을 어느덧 늙게 합니다.

아름다운 행운의 여신이여, 그대의 빛나는 광채의 힘으로 자녀와 후손들을 양육할 수 있는 놀라운 은총을 내려 주소서.

풍부한 암소, 풍부한 말들로 눈부신 은총을 주는 자, 새벽의 여신이여, 그대의 풍성함이 지금 여기에 빛나게 하소서.

오, 승리를 주는 여신이여, 그대의 황금마차로 우리에게 온갖 좋은 행운의 선물을 가져오게 하소서.

오, 놀라운 일을 행하시는 아스빈(새벽의 신)이여, 가축과 황금을 몰고 오는 그대의 마차를 돌려 한마음 되어 곧바로 우리에게 오소서.

하늘에서 외치는 아스빈이여, 인류를 위해 빛을 만들고 우리에게 힘을 주소서.

새벽을 깨우는 이들이여, 황금 길을 달리며 건강을 주고 놀라운 일을 행하는 두 신들이 소마를 마시게 하소서.

— 『리그베다』, 1.92.1~18

서광은 젊은 처녀처럼 밝은 빛을 던져 모든 생물을 약동하게 하네.

사람들을 위한 신의 불은 켜지고 서광은 빛을 발하여 암흑을 몰아내네.

빛살을 발하며 서광은 일어나 삼라만상을 대하니 그녀의 옷은 광채로 빛나네.

풍요의 어머니, 낮의 여왕인 그녀는 황금빛으로 빛나네.

신들의 눈인 태양을 잉태한 복된 자, 장엄한 백마를 이끌며 광명의 햇살로 서광은 그 모습을 드러내어 한없는 영광으로 세계를 바꾸네.

오, 아름다운 서광이여, 적들을 추방하여 우리들에게 넓은 초원을 갖게 해 주소서.

증오심을 없애고 그대의 값진 보물을 우리에게 주소서. 오,

풍요로운 서광이여, 이 가창자를 축복하소서.

그대의 영광된 빛으로 우리들을 비추어 주소서, 성스러운 서광이여, 우리들의 삶을 살찌게 하고 연장시켜 주소서.

오, 은혜로운 여신이여, 우리들을 충족하게 하고 소와 말과 마차를 풍족하게 해 주소서.

고귀한 사람들이 찬송하는 오, 하늘의 딸, 고귀한 태생의 서광이여.

우리들에게 풍요롭고 풍족한 부를 이룩하게 하소서. 오, 신들이여, 그대들의 축복으로 우리들을 늘 지켜 주소서.

— 『리그베다』, 7.77.1~6

7) 뿌샨 Pushan

뿌샨은 원래 '영양분을 공급해 주는 자'였다가 나중에는 태양신으로 동일시되었다. 풍요로움을 주는 뿌샨은 승리의 길을 만드는 자, 조상의 길을 안내하는 자, 최상의 마부 등으로 인간의 마음을 변화시키는 역할을 하고 인간과 가축을 보호한다. 일반적으로 힘과 지혜, 관용성 등으로 상징된다.

뿌샨의 바퀴는 망가지지 않으며

동체는 전복되지 않으며

그의 바퀴 테는 흔들리지 않도다.

제물로써 그를 받드는 자를

뿌샨은 잊지 않으니

그는 처음으로 재보를 획득하도다.

뿌샨은 우리의 암소들을 따라가시고

뿌샨은 우리의 군마들을 보호하시며

뿌샨은 우릴 위해 전리품을 가져오시리.

뿌샨이여,

소마를 짜는 제사자의

암소들을 따라 나아가소서.

그대를 찬양하는 우리의 암소들을.

어느 하나라도 잃지 않게 하시고, 다치지 않게 하시며

구렁에 빠져 부러지지 않게 하시어

상처 없는 그들과 함께 돌아오소서.

— 『리그베다』, 6.54.3~7

오, 가정의 주인이신 뿌샨이여, 우리들이 바라는 부를 내려

주소서, 마음껏 관대한 보상으로. 오, 붉게 타오르는 뿌샨이

여! 인색한 자의 마음을 부드럽게 하시고 베풀게 하소서.

우리가 승리할 수 있도록 큰 길을 열어 주소서. 우리의 적들

을 멸하여 주시고 우리의 소원이 성취되게 하소서.

오, 현명하신 뿌샨이여, 욕심 많은 야비한 자의 심장을 송곳

으로 찌르소서. 그리하여 그들이 우리의 뜻에 복종하게 하

소서.

— 『리그베다』, 6.53.2~5

2. 대기(공중영역)의 신들

1) 인드라 Indra

아리아인의 수호신으로 날씨를 관장하는 그는 천둥 번개

를 일으키고 비를 내려 다산의 신으로 존경받는 '신들의 왕'
이고 영웅이다. 인드라를 찬양하는 『리그베다』의 찬가는
250여 개에 이르고, 50여 개의 다른 신들과 관계를 맺고 있
다. 그는 도박과 춤을 즐기고, 쾌락을 좋아하며 자유분방하
게 행동한다. 애주가인 그는 무용의 신이자 전쟁의 신이기
도 하다. 절대적인 힘의 소유자로 신들의 영역을 수호하며
아리아족의 소망을 해결해 주는 그는 어둠과 악마를 퇴치
하고 빛을 내려 주며, 은혜를 베풀고, 정의를 지킨다.

　인드라는 산에 있는 성채로 물을 끌어들여 가두고 있는
용(뱀) 형상의 악마 브리뜨라Vrtra를 죽이고 물이 인간 세계
로 홍수처럼 쏟아져 나오게 하였다. 거대한 황금 팔에 네
개의 손을 가진 그는 자신의 의지에 따라 마음대로 변신하
는 능력과 위용을 소유하여 경배와 두려움의 대상이 된다.

　내가 이제 인드라의 위대한 업적을 말하노라. 그는 번개를
　이용하여 용을 죽이고, 산들의 옆구리를 잘라 물을 쏟아 내
　었다.
　그는 산에 웅크린 용을 죽였다. 트바스트리(대장장이 신)는

그를 위해 요란한 바즈라(천둥 번개)를 만들어 주었다. 소리 내어 우는 송아지 곁으로 가는 암소처럼 물은 빠르게 바다로 흘러갔다.

거친 황소처럼 흥분한 그는 세 사발의 소마를 들이켰다. 너그러운 인드라는 천둥 번개를 이용하여 용들의 우두머리를 죽였다.

인드라여, 그대가 용들의 우두머리를 죽일 때, 그대는 태양과 하늘과 새벽을 출현케 하였다. 그때부터 그대를 대적할 자가 아무도 없네.

천둥 번개의 위대한 무기를 가진 인드라는 그의 가장 큰 원수인 브리뜨라를 죽였다. 도끼에 의해 잘려 나간 나무토막처럼 용은 땅에 뒹굴어 떨어졌다.

술에 취한 전사처럼 브리뜨라는 소마를 들이킨 위대한 영웅에게 도전했으나 인드라의 강력한 무기를 감당하지 못하네. 브리뜨라의 온몸은 산산이 찢기어져 버렸네.

꺾인 갈대처럼 누워 있는 브리뜨라 위로 물길은 인간을 위해 흘러가네. 브리뜨라가 가두어 막고 있던 물, 그 물길 아래 이제 그가 누워 있네.

브리뜨라와 인드라가 싸울 때 브리뜨라가 사용한 번개, 빛, 우박, 안개는 모두 소용이 없었다. 위대한 인드라는 영원한 승리자가 되었네.

천둥 번개를 가진 인드라는 움직이는 것과 움직이지 않는 것, 가축과 짐승 모든 것의 왕이니, 수레바퀴가 수레 살을 감싸듯이 그만이 일체만물을 감싸네.

— 『리그베다』, 1.32.1~8, 13, 15

태어나자마자 최초로 통찰력을 가지고 최고의 신이 된 그는 신들의 보호자가 되었다. 그의 위세 앞에 하늘과 땅도 떨었다. 오, 사람들이여! 그가 인드라이다.

흔들리는 땅과 산들을 고정시키고 하늘 공간을 측량하고 널리 확장시키며, 하늘을 떠받치는 자. 오, 사람들이여! 그가 인드라이다.

뱀을 죽이고, 일곱 개의 강물을 흐르게 하며, 발라Vala에게 갇힌 암소를 내오고, 두 부싯돌 사이에서 불을 가져오며, 전쟁에서 전리품을 가져오는 자. 오, 사람들이여! 그가 인드라이다.

그는 무서운 악마의 무리를 파멸시켰다. 이긴 도박꾼이 자기 몫을 챙겨 가듯이 원수의 풍요한 재산을 보란 듯이 쓸어 오는 자. 오, 사람들이여! 그가 인드라이다.

약한 자와 병든 자, 가난한 사제와 소마즙을 짜는 사람을 도와주고 음료를 마시기에 좋은 입술을 가진 자. 사람들이여! 그가 인드라이다.

말과 소와 촌락의 모든 마차를 통치하고, 태양과 새벽을 탄생시키며 물을 끌어낸 자. 사람들이여! 그가 인드라이다.

일곱 개의 고삐를 가졌으며, 강력한 힘을 가진 황소인 그는 일곱 개의 강을 흐르게 하였고, 손에 쥔 천둥 번개로 하늘에 오르려던 악마 라우히나Rauhina를 죽였다. 오, 사람들이여! 그가 인드라로다.

하늘과 땅도 그에게 경의를 표하고, 산들도 그의 힘을 무서워한다. 천둥 번개를 손에 잡고 휘두르면서 소마를 마시는 자. 오, 사람들이여! 그가 인드라로다.

소마즙을 짜고 제물을 만들며, 제의와 찬양을 하는 자들에게 은총을 내리는 자, 그를 위한 기도는 양식이 되며, 그를 위한 소마는 특별한 선물이로다. 오, 사람들이여! 그가 인드라로다.

소마를 따르고 제사를 지내는 자에게 힘을 주는 그대는 참으
로 용감하면서도 진실한 분이다. 인드라여, 언제나 당신을
더욱 사랑하게 하시고, 제사를 드리는 회중 앞에서 더욱 권
위 있게 말하게 하소서.

— 『리그베다』, 2.12.1~4, 6~7, 12~15

2) 바따Vata와 바유Vayu

'바따'와 '바유' 둘 다 '바람의 신'을 지칭한다. 이들은 각각
독립적인 모습을 하고 있지만 다른 신들과의 관계를 보면
쌍둥이 형제처럼 유사한 면이 많다. 바따는 바따-빠르잔야
Vata-Parjanya(비구름의 신)로 비와 연합하여 폭풍우의 신으로 숭
배되며, 바유 역시 인드라와 연합하여 인드라-바유Indra-Vayu
로 숭배된다.

오, 바따의 위력이여, 그는 요란한 천둥소리를 내며 하늘에
닿고 구름을 붉게 만들고, 지상의 먼지들을 일으키며 질주
하네.

그를 뒤따라 비바람이 생겨나니 그들은 축제에 나온 여인들처럼 그에게 다가가네. 모든 세계의 왕인 그대는 그의 수레에 수행원을 태우고 급히 날아가네.

하늘을 누비며 그는 하루도 쉬는 날이 없네. 최초에 탄생한 거룩한 자여, 물의 친구여, 법의 유지자여, 그대는 어디서 태어나고 어디서 왔던가?

신들의 호흡이요, 세계의 근원인 그는 마음 내키는 대로 늘 쏘다니네. 그의 소리는 들려도 그의 모습은 좀체 볼 수 없네. 제물을 바쳐 이 바람의 신을 숭배하세.

— 『리그베다』, 10.168.1~4

3) 마루뜨 Marut

마루뜨는 인드라와 함께, 또는 아그니나 뿌샨과 함께 언급되었다. 루드라의 아들들로 묘사되는 것으로 보아 폭풍우가 일기 전 비구름을 신격화한 것으로 추측된다. 찬가에서는 마루뜨들이 하늘의 자궁에서 바유에 의해 생겨났으며, 땅에서 공기를 통해 자란 존재들이라고 하였다. 이들의 특징은 광휘, 아름다움, 격렬함, 위대함 등으로 젊은 용사

로도 묘사된다. 어둠을 몰아내고 빛을 가져오는 자로 묘사되기도 하며 인드라를 도와 적을 물리치고 비를 가져와 농작물을 풍요롭게 한다.

여인들처럼 치장을 하고 마차부대를 이끌고 재빠르게 달려가는 루드라의 위대한 아들들 마루뜨들, 그들은 하늘과 땅을 강하고 풍요롭게 만들어 제사를 받기에 합당하도다.

그들은 바르게 성장하여 위대하게 되었고, 천상에 거처를 마련하였다. 그들은 (폭풍의) 노래를 부르며 인드라에게 힘을 불어넣어 주었고, 암소의 자녀인 그들은 영광을 얻었다.

암소의 자녀인 그들은 황금으로 멋지게 치장하여 온몸이 빛나네. 그들은 적을 물리치고, 그들이 지나간 길에는 버터(비)가 흘러내리네.

꿈쩍하지 않는 그 어떤 것도 흔들어 대면서, 번쩍이는 창을 휘두르며 나아가는 전사들, 전투에서 승리하기 위해 천둥 번개를 치면서 재빠른 암말을 그대들의 전차에 매달았을 때, 비구름이 몰아치고, 물이 쏟아져 대지를 적셨네.

그대들이여, 열심히 제사를 드리는 자와 보시하는 자를 보

호하소서. 위대한 마루뜨들이여, 뛰어난 영웅들과 부를 허
락하소서.

— 『리그베다』, 1.85.1~5, 12

4) 루드라Rudra

폭풍과 분노의 신인 루드라는 비구름의 신인 빠르잔야와
천둥 번개의 신인 인드라와 함께 활동하면서 가끔 황소로
불리기도 한다. 폭풍이 말하듯 무시무시한 그의 파괴력과
공포에 사람들은 떨며 겸손해 하거나 애원한다. 루드라는
공포의 파괴력을 가지고 재앙과 질병을 초래하기도 하지만
건강과 복을 가져다주고 치유자의 역할을 담당하여 관대한
신으로 칭송되기도 한다.

마루뜨 신들의 아버지 루드라여! 그대의 은총을 우리에게 내
려 주소서. 우리가 햇빛을 보게 하소서. 영웅이 우리의 말들
을 아끼게 하소서. 오, 루드라여, 우리의 자손들이 번창하게
하소서.
루드라여, 그대가 주는 치유의 약으로 내가 100년을 살게 하

소서. 증오와 재앙을 우리에게서 멀리 사라지게 하소서. 모든 질병을 사방으로 내쫓아 주소서.

루드라여, 모든 탄생한 것들 가운데 그대는 제1인 자요. 그대는 손에 천둥 번개를 든 강자 중의 강자로다. 우리를 고통의 바다 건너 안전한 곳으로 인도하여 주소서. 모든 질병과 불행으로부터 지켜 주소서.

황소 루드라여, 우리는 그대를 노엽게 하지 않으리오. 그대에게 기원하며 다른 신들을 부르지 않겠나이다. 그대의 약으로 우리의 영웅들을 일으켜 주소서. 그대가 치유자 중에서 최고의 치유자임을 저는 아나이다.

— 『리그베다』, 2.33.1~4

그대는 훌륭한 활과 화살을 둘러메고, 여러 색깔의 황금 목걸이를 하고 악마를 쳐부수며 만물 위에 그 무시무시한 힘을 펼치나이다. 루드라여, 그대보다 힘이 더 센 자는 아무도 없나이다.

마차에 올라탄 채 사나운 맹수처럼 공격하며 살육하는 젊고 훌륭한 신을 찬양하라. 오, 루드라여, 그대를 찬양하는 자들에게 자비를 베푸소서. 그대의 무기가 우리를 보호하고 다른 자들을 공격하게 하소서.

아버지를 공경하는 아들처럼, 루드라여, 나도 가까이서 그대를 경배하리라. 나는 많은 것을 베푸시는 참된 왕에게 찬양을 바치나이다. 우리에게 치유의 약을 주소서.

오, 위대한 루드라여. 그대의 약은 약효가 강한 것이어서, 우리의 조상 마누도 택한 것입니다. 오, 황소여, 나도 그것을 원합니다. 그대의 축복과 처방을 원하나이다. 오, 루드라여. 루드라의 공격이 우리를 피해가게 하소서. 적의에 찬 그의 진노가 우리를 피해가게 하소서. 오, 관대한 신이시여, 우리의 아이들을 위해 강력한 화살을 거두소서. 우리의 아이들과 자손들에게 자비를 베푸소서.

오, 황갈색의 놀라운 황소여. 격노하여 우리를 죽이지 마소서. 루드라여, 여기서 우리의 간구를 들으소서. 루드라여, 우리는 용감한 자식들로서 성스러운 제사에서 그대를 찬양하리라.

— 『리그베다』, 2.33.10~15

후대에 루드라 신은 힌두교의 3대 신 중 하나인 파괴와
재생의 신, 시바 신으로 승격된다.

5) 아빠스Apas

아빠스는 물의 신으로 단수가 아닌 복수로 지칭되며, 어
머니, 젊은 부인, 은총을 내리는 여신의 모습으로 형상화
되었다. 아빠스는 인간의 생명을 유지해 주고 정화시키며
치유해 주기도 하는 여왕이다. 천상과 지상 어디든 신들이
다니는 길을 따라다니면서 더러워진 것을 정화하며, 궁극
적으로는 바다를 그 목적지로 한다. 찬가에는 아빠스가 폭
력, 저주, 거짓말 등의 죄를 사하는 힘을 가졌다고 했으며,
병을 치유하고 건강과 부와 장수까지도 부여할 수 있는 존
재라고 했다.

우리를 생명으로 이끄는 아빠스여, 우리가 자양분을 얻고 기
쁨을 누리게 하소서. 자애로운 어머니처럼 그대의 유쾌한 활
력을 우리가 나누고 누리게 하소서. 그대가 주는 탄생과 생
명의 집으로 우리가 곧바로 나아가게 하소서.

여신께서 은혜를 베풀어 축복을 주시고, 우리가 물을 마시게 하소서. 물이 흘러 우리가 잘사는 복과 건강을 누리게 하소서.

모든 만물의 여왕께서 모든 백성을 통치하나이다. 나는 아빠스에게 치유를 기원합니다. 물속에 모든 치유가 있다고 소마는 나에게 말했습니다. 아그니도 만물을 축복하는 자입니다. 오, 아빠스여, 내 몸은 해악으로부터 안전하게 지켜 주는 약으로 가득합니다. 그리하여 나는 태양을 오래오래 볼 수 있습니다. 아빠스여, 악의와 악행, 거짓 이 모든 것을 나에게서 멀리 가져가 버리소서.

내가 물을 구합니다. 그 물의 생명을 찾아왔습니다. 오, 물기 가득한 아그니여, 오셔서 그대의 광휘로 우리를 덮으소서.

— 『리그베다』, 5.9.1~9

3. 지상(땅의 영역)의 신들

1) 쁘리트비 Prthvi

하늘의 신인 디아우스와 함께 땅의 신, 어머니로 숭배된다. 쁘리트비는 산을 짊어지고, 수목을 지탱해 주며 비를 내려 대지를 기름지고 풍요롭게 하여 만물에 생명을 불어넣어 준다. 그는 도덕성을 갖고 정의를 실천하며 만물을 악과 불행으로부터 보호한다.

오, 쁘리트비! 그대는 산들을 짊어진 중압감을 참고 견디네. 많은 개울과 하천을 가진 그대의 위력, 그대는 대지에 생기를 불어넣었다.
아름다운 가사로 된 우리의 찬가들은 멀리 펼쳐진 그대에게 울려 퍼지네. 부풀어 오르는 구름을 몰아내듯 빠르게 방출하는 빛나는 그대여.
그대의 구름은 번개를 내리치므로 하늘의 홍수가 쏟아져 내려도 그대는 그대의 위력으로 지상의 살림을 견고하게 보존해 줍니다.

—『리그베다』, 5.84.1~3

진리, 위대함, 우주 질서Rita, 힘, 정화, 열정Tapas, 제의, 이 모든 것이 땅을 지원하고 있다. 전에도 있었고 앞으로도 있게 될 이 땅, 땅의 여신이 우리에게 광대한 영역을 허락하리라.
높고 낮은 거대한 평원을 가지고, 다양한 효력의 식물들을
도와주는 땅은 우리를 위해 펼쳐져 있으니 우리의 축복이다.
사방은 열려 있고 땅 위에는 바다와 강과 물이 있고, 음식과
인간의 종족이 생겨나리라. 땅은 살아 움직이게 하는 다양한
호흡을 가능하게 해 주고, 가축과 다른 필요한 소유들도 허
락할 것이다.

오래전 처음 인간들이 그들의 세계를 펼치고, 신들이 아수라
를 정복했던 땅의 여신은 우리에게 온갖 종류의 가축과 말들
과 가금류와 좋은 행운과 영광을 가져다주리라.

만물을 지원하고 부요를 가져다주며, 모든 살아 있는 것들의
기초와 황금 젖가슴의 안식처를 제공해 주는 땅의 여신은 아
그니 바이시바나라Agni Vaisvanara(불)를 지원하고, 황소 인드라
와 짝을 이루어 우리에게 번영을 가져다주리라.

— 『아타르바 베다』, 7.1.1~6

2) 아그니Agni

『리그베다』에서 아그니는 천상에서는 태양, 공중에서는

천둥 번개, 지상에서는 제사의 성화聖火로 묘사되고 있다. 아그니는 땅의 신 중에서 가장 높은 지위에 있는 신이다. 아그니는 인간이 어떤 영역에 있는 신에게든 공물을 바쳐서 제사를 드리면 그것을 불로 잘 태워 하늘의 해당 신에게 날라다 주기 때문에 200여 개의 찬가를 받는 신들 중의 제관이다. 제화로서 인간과 밀접한 관계를 맺는 그는 천상의 신들에게 메시지를 전하고, 신들이 의식에 초대될 때는 그들을 지상으로 데려오는 중개자이다.

그는 하늘에서든 땅에서든 불이라면 어느 것에든 관여하지만, 그중에서도 특히 제례의식의 불을 관리한다. 아그니가 내려와 제례의식의 불이나 집안 화로의 불에 자리 잡는 것은 언제나 새로운 탄생을 의미한다고 생각되었다. 불이 정화의 기능을 가지듯 아그니 신도 마귀들을 태워 죽이고 죄를 사하여 준다. 그는 지혜이고 빛으로 어두움을 밝게 해 주고 어려운 일을 해결해 주는 존재이다.

아그니는 리그베다의 제1권 제1장 제1절에서 초대되어 제10권 제191장 마지막 절에서까지 찬미되고 있다.

아그니를 찬양하노라, 제전의 위대한 제관이요, 풍부한 부요를 가져다주는 이를, 신을 부르는 이를.

선조 선인들도, 또한 지금의 선인들도 그대를 칭송하리니, 그대여 여기에 신들을 불러오소서.

아그니를 통하여 재물과 번영을 얻고, 건강 또한 누리도다. 더없는 영웅과 명예를 아그니로 얻는도다.

아그니여, 그대가 보호하는 제사와 예배는 바로 신들께 이르는도다.

아그니는 권청자이며 진실이며 더없는 여러 명성이도다. 위대한 신이여. 신들과 함께 이곳으로 오소서.

아그니여, 그대는 제물을 바치는 자에게 복락을 베푸는도다. 빛나는 이여, 그것은 바로 그대의 진실이노라.

아그니여, 그 어둠을 밝히는 그대여, 우리는 날마다 예지를 갖춰 그대에게 다가가 경배를 바치노라.

리따의 보호자요, 모든 제사의 왕인 위대한 그대 아그니여, 아버지가 아들에게 그러하듯 우리의 행복과 안녕을 위하여 함께하소서.

— 『리그베다』, 1.1.1~9

강한 자가 새벽이 오기 전 높은 곳에 떠올라, 우리에게 빛을 가져오네. 밝게 빛나는 눈부신 아그니가 탄생과 함께 모든 인간들의 거주지에 함께하였네.

천지의 아들로 태어난 그대, 어두운 밤을 정복한 그대, 빛나는 아들이여, 그대의 어머니들로부터 포효하듯 큰소리로 나왔네. 여기, 지고한 비시누가 현신하여 최상의 거처를 지키도다. 숭배하는 자들은 한마음으로 노래하면서 그의 입에 달콤한 우유를 바치네.

거룩한 제의의 사제(아그니)여, 빛나는 수레를 타고 모든 제의 속에서 빛나는 깃발을 휘날리며 영광과 권능으로 모든 신들과 어깨를 겨누는, 인간들이 즐겨 찾는 아그니를 여기에 초대합니다.

그리하여 아그니는 훌륭하게 차려입고 지상의 가장 중심부에 자리를 잡고 섰도다. 붉은빛으로 태어난 그곳에 사람들은 공물을 바치나니 오, 왕이시여! 위대한 대제사장으로서 신들을 이곳으로 불러오소서.

오, 아그니, 하늘과 땅을 넘어서 온 천지의 아들이여! 젊은 그대여, 그대를 열망하는 모든 이에게 오소서. 그리하여 이

곳으로 신들을 초대하소서. 오, 위대한 승리자여!

— 『리그베다』, 5.1.1~7

아그니 신에게 바치는 리그베다의 마지막 찬가는 이렇다.

그대를 정화한 제단 위에 귀의자들이 바친 모든 것, 성스러운 불이여! 그것은 그대의 것, 귀중한 재보를 우리에게 주소서.

모두 함께 오라, 함께 말하라. 마음과 마음으로 서로 화합하라. 같이 나눠 갖던 태고의 신들처럼, 함께 모여 앉아 그대들의 경배를.

말함이 동일하고, 의견들이 통일된다. 마음은 현자들의 생각과 일치하고, 그대들에게 내가 한 말과 일치하니, 그대들에게 내가 바친 제사는 동일하다.

그대들의 목표를 하나로 통일하라. 그대들의 열의를 합일케 하며, 마음의 일치로 안식하여 그대들은 모든 것과 평화롭기를.

— 『리그베다』, 10.191.1~4

이 찬가는 함께 화합하여 한마음으로 하나 되어 아그니

신에게 제사를 올려 복을 구하는 내용이다.

3) 소마 Soma

소마는 식물 또는 약초 등을 짜낸 즙을 의미한다. 어떤 식물이나 약초인지는 확실히 알 수 없지만 이것이 인드라를 비롯한 모든 신들로부터 사랑을 받고, 특히 이것을 마시면 힘을 내는 것으로 보아 술이나 환각제의 일종일 것으로 생각된다. 소마는 불Agni과 마찬가지로 신과 사람 사이를 연결시켜 주는 역할을 한다. 이 성스러운 음료(술)는 불멸, 광명, 용기, 지혜를 더하여 주는 신주神酒이기도 하다. 시인들은 소마의 효능을 과장하고 신격화하여 노래하고 있다. 특히 인드라가 애호한 것으로 유명하며 이것으로 위력을 증대하기도 하였다.

오, 소마, 그대는 달콤하고 유쾌한 물줄기, 그대의 길을 따라 순수하게 즙으로 흘러나와 인드라를 위한 음료가 되었네. 악마를 진압한 만인의 친구, 그는 나무를 가지고 강철로 장식된 그의 보금자리에 도달하였네.

그대는 악마 브리뜨라의 살육자, 최고의 축복을 주는 자요, 가장 자유로운 자로다. 우리에게 훌륭한 자손들을 번영시키소서. 그대의 음료는 위대한 신들의 연회에 흘러가고, 우리의 힘과 명성을 위해 이곳으로 흘러나오네.

— 『리그베다』, 6.1.1~9

나는 현명하게 걱정을 말끔히 떨쳐 버리고 좋은 생각을 자아내는 달콤한 소마를 마셨네.

모든 신들과 인간들도 그것을 꿀이라 부르며 그것을 구하려 합류하네.

그대가 몸 안으로 들어가면 그대는 신의 노여움을 달래는 아디티(순결의 여신)가 되리라.

인두(소마 신의 칭호)여, 인드라와 우정을 나누는 그대가 나무에 매인 유순한 말처럼 우리를 번영하게 하소서.

우리는 소마를 마셨으니 불사를 얻었고 광명에 도달하여 신들을 찾았노라.

불사하는 이여, 어떠한 증오와 악의를 우리 인간에게 행할 수 있을까?

몸 안으로 들어가면 우리의 마음을 기쁘게 하소서, 인두여, 아버지가 자애롭게 아들을 대하듯, 친구가 친구를 사려 깊게 대하듯, 소마여 우리의 생명을 연장하여 주소서.

이처럼 영광스럽고 자유를 주는 그대들은 수레의 가죽끈처럼 나의 관절들을 굳게 결합하였다. 그러한 물방울들은 다리가 부러지지 않게 나를 보호하며 나를 구하리라.

정화된 불처럼 나를 타오르게 하고, 우리를 밝게 하며, 우리를 더욱 부유케 하소서.

소마여, 실로 그대에 도취함에 나는 스스로 부유하다 여기니, 번영을 위해 들어오소서.

아버지의 재산을 나누어 가지듯 우리는 경건한 마음으로 짜낸 그대를 함께하고자 하오니 왕이신 소마여, 태양이 봄날을 연장하듯이 우리의 생명을 연장하여 주소서.

왕이신 소마여, 우리에게 자비를 베풀고 행복하게 하소서. 우리가 그대의 신봉자임을 기억하소서. 우리의 적이 격정과 소란을 일으키니, 그가 마음대로 하지 않게 우리를 버리지 마소서.

— 『리그베다』, 6.48.1~8

그대의 빛남이 거룩하듯이, 거룩한 법을 말하는 자. 그대의 행위가 진실하듯이, 진리를 말하는 자. 소마 왕이여, 제의를 행하는 사제들이 그대를 정성스럽게 제단에 초대하듯이, 그대의 말은 진실하도다. 오, 소마의 물방울이여, 인드라를 위해 흘러가소서.

위대하고 참으로 강한 자, 그의 줄기들이 함께 만나 흐르도다. 오, 황금색으로 서로 혼합되어 가득한 주스가 기도로 스스로 정화되도다. 오, 소마의 물방울이여, 인드라를 위해 흘러가소서.

오, 파바마나Pavamana(정화시키는 자)여, 사제가 소마를 통하여 위대해졌다고 기뻐하면서 맷돌을 붙들고 장단에 맞추어 기도를 올리는 그곳으로, 오, 소마의 물방울이여, 인드라를 위해 흘러가소서.

그곳은 하늘의 빛이 있어 영원히 꺼지지 않는 불빛이 흐르며, 시들지 않는 불멸의 세계로다. 오, 정화시키는 자여, 나를 그곳에 있게 하소서. 오, 소마의 물방울이여, 인드라를 위해 흘러가소서.

열망과 갈망이 있는 그곳, 태양의 정점에서 죽은 자들이 먹

이를 얻고 기쁨을 얻는 곳, 그곳에서 나를 불멸케 하소서.

오, 소마의 물방울이여, 인드라를 위해 흘러가소서.

행복과 황홀함이 있고, 기쁨과 만족감이 있는 그곳, 그리고

오랜 소원이 성취되는 그곳에서 나를 불멸케 하소서. 오, 소

마의 물방울이여, 인드라를 위해 흘러가소서.

— 『리그베다』, 6.113.1~11

4) 브리하스빠띠Brhaspati

브리하스빠띠는 브라흐마나스빠띠Brahmanaspati(찬가의 주인)
라고도 불리며, 기도의 신으로 성스러운 기도문의 신성한
힘을 가리킨다. 브리하스빠띠는 신의 마음을 움직여 기도
하는 사람에게 은혜를 베풀도록 하는 역할을 한다. 그래서
간혹 아그니와 마찬가지로 인간을 위해 신에게 탄원하는
제관으로 여겨지기도 한다. 사람들은 그의 기도가 큰 힘을
발휘해서 신과 인간 모두를 움직일 수 있다고 생각했다. 그
러므로 사제들의 기도에는 주력呪力이 깃들어 있으며, 신성
한 힘이 작용한다고 믿었다. 어떤 이는 브리하스빠띠를 언
어의 신으로 부르기도 한다.

오, 말의 신(브리하스빠띠)이여, 현자가 최초로 언어의 원리를 세울 때, 그들 마음속 깊은 곳에 있던 가장 좋은 순결함이 사랑의 힘으로 광명을 보게 되었습니다.

마치 땅의 보리를 키질하여 가려내듯 현자들이 마음을 모아 언어를 창조하였을 때 친구들은 우정의 본질이 무엇인가를 알게 되었으며 그것은 그들의 말 위에 우아한 자취를 새겼기 때문입니다.

그들은 헌신적으로 말이 인도하는 길을 따라갔으며 말이 선견자들의 마음속에 함께 있음을 발견하게 됩니다. 그들은 선견자들의 마음속에서 그것을 끄집어내어 여러 가지로 배열하니 일곱 명의 가창자가 기뻐한 말이 이것이었습니다.

보는 사람 많으나 그 말을 보는 자 없고, 듣는 사람 많으나 그 말을 듣는 자 없었습니다. 그러나 어떤 사람은 마치 곱게 차린 신부가 남편의 말을 따르듯이 스스로 그 말의 뜻을 따랐습니다.

이 말에 관심이 없는 어떤 사람은 감동하여 용기 있게 행동하는 일이 없었고 온갖 헛된 상상에 휩쓸리니, 그가 듣는 말에는 꽃도 피지 않고 열매도 맺지 않았습니다.

지식의 친구를 버리는 자는 그 말의 뜻을 공유할 방도를 찾지 못하고, 그가 듣는 것이 무엇이든 그는 헛되이 듣는 것이니, 그는 바른 행동의 길이 무엇인가를 알지 못합니다.

사람들은 두 개의 눈과 귀를 가지고 있으나 사리를 깨치는 지성의 힘은 사람마다 다르니, 깊고 맑은 호수 같은 이가 있는가 하면 얕은 물웅덩이 같은 사람도 있습니다.

친구들이 통찰력을 정진하여 숭배할 때에, 지식을 충분히 깨닫는 이도 있으나 헛된 말을 중얼거리며 무지의 길로 가는 사람도 있습니다.

앞이나 뒤로나 움직이지 않는 사람은 말을 아는 사람도 아니고 인간본질의 정진자도 아닙니다. 말의 뜻을 알지 못하는 초라한 기능공으로 그들은 자기만을 위해 쓸모없이 실을 뽑을 따름입니다.

여정의 끝에 이르러 모든 것이 충족된 친구들은 다 영광스러운 친구를 반기니, 이는 그가 양식을 가져오고 그들의 죄악을 면하게 하고, 그가 용기 있게 행동할 태세가 되었기 때문입니다.

한 사람의 성스러운 시의 전개에 새로운 시를 보태면 또 한 사람은 송가를 가창하여 무지를 몰아냅니다. 말의 진리를 아는 사람이 존재의 의미를 가르쳐 주면 또 다른 사람은 운율을 붙여 경배하게 합니다.

— 『리그베다』, 10.71.1~11

5) 바크Vac

제사를 집행하면서 신을 부르는 소리인 언어Vac는 신의 소리로 거룩히 여겨져 신성시되었다. 의례에 사용되는 반복적 문구의 소리인 주문Mantra은 신성한 힘을 가지고 진리를 나타낸다고 여겼다.

나는 포효하며 소리치고 찬란한 힘을 발산하면서 움직인다. 나는 무한의 힘과 자연의 힘으로 움직인다. 나는 신 중의 신의 사랑을 가지며 영력의 불과 생명과 모든 상처를 치료하는 힘을 가진다.

나는 신성한 운명을 지니며 창조의 힘, 양육하고 보시하는 힘을 행사한다. 나는 진실로 심려하는 자, 풍성한 자로서 제사를 지내는 자, 몸을 바쳐 봉헌하는 자를 강하게 한다.

나는 여왕이요 풍성한 수확자로서 형통하고 총명하며 경배받는 최고의 왕이로다. 신력은 나를 모든 곳에 있게 명하였으니, 나는 수많은 집이 있고 수많은 형태로 자존한다.

나의 힘을 빌려 판단하는 자는 먹을 것이며 누구든 숨 쉬는 자, 말을 듣는 자도 그러할 것이니 부지중에 그들은 다 내 속에서 사는 것이다. 진실로 나는 말한다. 들어라 오, 성스러운 전통이여.

나만이 홀로 진리의 말을 할 수 있으니 이 말은 신과 인간에다 함께 즐거움을 가져다주는 것이다. 내가 사랑하는 자, 그에게 나는 힘을 주고 그를 시인으로, 현자로, 성자로 만든다.

나는 악마를 몰아내는 자, 활을 당겨 그 화살로 지혜의 적을 파멸하노라. 나는 사람들로 하여금 다투어 논쟁하게 하며 하늘과 땅 사이에는 나의 존재로 가득하다.

처음에 나는 창조의 아버지를 데리고 온다. 나의 근원은 수많은 물줄기가 흘러들어 오는 깊은 바다에 있으니 거기에서 나와 모든 피조물에 이르러 마침내 나의 신장은 하늘에 이른다.

나는 바람처럼 불며 창조된 만물을 유지하고 보존케 하니,

나 아니고 누가 할 수 있을 것인가? 하늘과 땅을 초월한 이
거대한 힘을 나는 가지고 있다.

─ 『리그베다』, 10.125.1~8

6) 사라스와띠 Sarasvati

사라스와띠Sarasvati는 강의 여신이다. 이 여신은 인도 원주
민 신앙에서 볼 수 있는 풍요와 다산을 기원하는 지모신 신
앙에서 비롯된 것으로 보인다. 편잡 지역의 사라스와띠 강
이나 아니면 또 다른 하천과 관련을 맺고 있어 대지에 물을
공급해 주는 풍요로운 물을 상징하는 신이었다. 이 신은 자
비로운 모성과 정화력을 가지고 있다.

『리그베다』에서는 죄악을 소멸하고 부와 용기와 자손을
주는 신이었다. 그 후 브라흐마나 시대에는 웅변과 지혜의
보호신인 말의 신이 되었다가, 또 그다음에는 브라만의 부
인인 락시미가 되었다.

사라스와띠여!
당신은 무한하고 끝이 없으며,

당신의 빛나는 저 강의 흐름은

끊임없이 격렬하게 포효하고 있으니,

당신께서 이 지상의 땅과

모든 공간에 가득 차 계시니,

사라스와띠여!

우리를 모든 죄로부터 지켜 주소서.

전지전능한 여신이시여!

우리 마음의 안내자가 되어

우리를 빛으로 나아가게 하소서.

— 『리그베다』, 6.61.9~11

저 유명하고 은혜 깊은 사라스와띠는

무릎을 곧게 세우고 경배하는 자로부터 숭배 받는 여신은

이 제사에서 마음껏 즐기는 우리에게 귀를 기울이소서.

사라스와띠여! 이들 제물은 그대를 위한 것으로

머리 조아려 바치나니, 이 찬송을 받으소서.

가장 좋은 그대의 보호 아래 몸을 두나니, 우리의 바람은

마치 나무 그늘에 들어가듯 이 피난처에 이르게 하소서.

사라스와띠여! 바시쉬타는 그대를 위해 천칙의 두 문을 열었
노라.

아름다운 여신이여, 찬미하는 이에게 승리의 상을 늘려 주소서.

그대여, 늘 축복으로써 우리를 지켜 주소서.

— 『리그베다』, 6.95.4~6

4. 기타 정령들

1) 개구리 찬가

한 해 동안 계행을 행하는 브라만처럼 잠든 개구리들은 빠르
잔야(비구름의 신)에게 목청을 돋우어 간구하네.

가죽 주머니처럼 메마른 연못에 잠든 이들에게 하늘의 물이
내려오면 새끼 거느린 암소같이 개구리들은 일제히 소리를
지르네.

그토록 그리던 비, 장맛비가 오면 개구리들은 아들이 아비
를 부르듯 개골개골 소리를 내며 한 마리가 다른 이에게 다
가가네.

빗속에 기쁨이 넘쳐 한 마리가 다른 이를 얼싸안고 껑충 뛰며 얼룩이 녹색이 (개구리) 함께 소리를 맞추네.

제자가 스승의 말을 따라하듯 한 마리가 다른 이의 소리를 따르고 온몸이 불어 오르면 물 위에 떠올라 기쁜 소리 전하네.

어떤 개구리는 소 소리, 어떤 것은 염소 소리, 어떤 것은 얼룩 색, 어떤 이는 노란색, 색깔은 다르지만 한 이름 가져 여러 곳에서 어울려 소리를 지르네.

소마 제사를 지내는 브라만들처럼 이제 온 연못에서 노래하네. 일 년의 하루를 잡아 개구리들이 간구하여 장마에 접어드네.

소마 제사를 지내는 브라만들처럼 소리를 내며 제관이 더위에 땀을 흘리듯 굴 안에 지내던 많은 개구리들 이제 모습을 드러내네.

열두 절기를 지키고 신들의 규범을 지키며 이끌어 가는 개구리들, 일 년 중 장마가 오자 이제 해방을 맛보네.

소처럼 우는 개구리야, 염소처럼 우는 개구리야, 얼룩 색 개구리야, 노란색 개구리야, 우리에게 재물을 주구려. 개구리들아, 수백 마리의 소들을 주구려. 우리의 수명을 연장하여 주구려.

— 『리그베다』, 7.103.1~10

이 찬가에서 개구리는 일 년간 계행을 행하고, 더위에 땀을 흘리며 제사를 준비하고, 때를 맞추어 소마 제사를 올리는 브라만에 비유되고 있다. 여기서 제사는 함께 화합하여 한마음으로 하나 되어 같은 소망을 기구하는 것으로 이러한 제사를 통하여 비로소 제사를 지내는 이들에게 기쁨과 재물이 넘치는 것임을 알 수 있다. 비를 청하여 비가 내리고 즐거워하는 개구리의 모습에서 제사와 제사적인 삶을 통해 그들이 환희의 세계를 맞는 것을 볼 수 있다.

2) 약초의 찬가

태고에 신들보다 3년 더 먼저 생겨난 약초여, 그대들 중에 갈색을 지닌 자여, 나는 일백 종류와 일곱 배의 효험을 말하노라.

오, 어머니들이여, 그대들의 종류는 일백이요, 거기에서 천으로 되었다오. 그대들은 일천의 효험을 가지고 나의 환자들을 질병에서 구하여 주소서.

꽃을 피우고 열매 맺는 식물을 기뻐하게 하소서, 언제나 승리하는 암말처럼 우리를 치유하는 식물을.

약초여, 나는 그대들을 어머니라고 부르리다. 여신들이여, 나는 군마와 암소와 의복을 얻을 것이며, 오 사람이여(환자여) 그대는 생기를 회복할 것이오.

왕처럼 가까운 곳에 약초의 창고를 가진 사람은 영감 있는 약사라고 부르나니 그대는 악마의 퇴치자이며 질병을 쫓아내는 자로다.

약초는 소마에 가득하고 말을 건강하게 하며 강력한 힘과 정력을 주며 그의 완쾌를 위하여 나는 모든 약초를 준비하노라. 암소들이 외양간에서 쏟아져 나오듯 약초의 기운이 넘쳐 흘러나오도다. 약초가 내 부의 창고를 채워 줄 것이며 그대의 생명을 되찾아 주리라.

그대의 이름은 고통을 해방시키는 자, 회복시켜 주는 자로다. 그대는 날개를 달고 날아가는 강물이며 어떤 질병으로부터도 지켜 주는 자로다.

도둑이 울타리를 넘어가듯이 그대들은 모든 장애를 초월하
는도다. 신체의 어떠한 병과 상처라도 약초는 치료하고 제거
하네.

— 『리그베다』, 10.97.1~4, 6~10

베다시대에 환자의 치유를 위해서는 자연 약초에 의존할
수밖에 없었다. 이들 약초를 통하여 말과 가축과 의복을 얻
음은 물론 환자가 치유받고 삶의 승리와 부도 얻게 되었다.

3) 말의 찬가

푸루족의 어느 누구라도 흥분하여 환영하는 디디크라, 빠른
발로써 용감하게 전리품을 탐하고 적의 전차를 추월하여 바
람처럼 돌진하는 준마 디디크라.
싸울 때는 전리품을 남김없이 빼앗고 암소를 구하러 갈 땐
승리하여 나아가는 디디크라,
독특한 모습을 하고 전리품의 분배에 유의하고 수레바퀴보
다도 빠르게 나아가는 디디크라.

하늘의 벼락을 두려워하듯 위협하는 그의 공격을 사람들은 두려워하도다. 수많은 적대자가 그를 공격할 때 그는 막힘없이 약진하면서 두렵게 하누나.
또한 영토를 가득 채운 뛰어난 디디크라를, 그의 속력을 사람들은 찬양하도다. 전쟁이 일어나 떠나온 사람들은 말하노라, 디디크라는 수천을 데리고 달리고 또 달린다고.

— 『리그베다』, 4.38.3~4, 8~9

나의 영혼을 감동시키는 놀라운 힘을 가진 말을 찬양하노라. 군마 디디크라는 관대함이 풍부하도다. 그는 아그니같이 발 빠르고 빛이 나도다.
나는 정복자 군마 디디크라를 찬양하나이다. 그가 우리를 영화롭게 할 것이며 우리를 장수하게 하리로다.

— 『리그베다』, 4.39.2~6

디디크라는 리그베다에서 독수리처럼 빠르기로 유명하며 신들의 수레를 끄는 천상의 말로 전쟁의 승리와 전리품을 획득하는 영웅이다.

4) 들판의 신(크세트르빠티) 찬가

들판의 신에 의하여 우리는 암소와 말을 키우는 들판을 얻었
노라. 이처럼 들판은 우리에게 좋은 것을 베풀어 주도다.

암소가 우리에게 젖을 주듯이 들판의 신도 광활한 벌판에 젖
과 양식을 내어놓도다.

식물과 천계는 꿀로 가득하고, 공계는 우리들을 위하여 꿀로
가득하도다. 우리는 그를 찬양하노라.

그대가 천계에서 만들어 낸 젖으로 이 대지를 적시소서. 그
대가 우리를 풍년들게 하고 행복케 하므로 우리들은 그대를
찬양하노라.

인드라는 밭이랑을 갈고 뿌샨은 그를 지도하시리. 그녀는 젖
을 가득 담고 있으니 우리를 위하여 해마다 젖을 짜내시도다.

— 『리그베다』, 4.57.1~3, 6~7

농업의 수호신으로서 들판의 신은 가축과 인간에게 식물
과 양식을 제공해 주어 우리를 행복하게 한다.

5) 승리 기원 찬가

승리를 가져오는 제식, 인드라가 승리를 얻는 그 제식에 의해
쁘라자빠띠여, 우리들로 하여금 주권을 위해 승리하게 하소서.
경쟁자에게서 승리를 얻고, 우리들의 적에게서 승리를 얻고
우리들을 질투하는 자를, 적대하는 자를 짓밟으소서.
사비트리 신과 소마는 그대로 하여금 일체만물에 대해 승리
를 얻게 하리니, 그대가 승리자가 되도록.
인드라가 제사를 지내서 빛나는 영웅이 되게 하는 그것을
신들이여, 나는 실로 경쟁할 이 없는 자가 되리라.
경쟁자를 멸하여 경쟁할 이 없으니, 왕국에 군림하여 정복자
로서 내가 세상 만물과 민중을 지배할 수 있도록.

— 『리그베다』, 10.174.1~5

6) 야마Yama

베다에는 죽음과 장례에 대한 노래도 많다. 베다에서 죽
음의 신은 야마Yama로 그는 사자의 왕으로서 죽음의 세계를
관장한다. 『리그베다』에서는 그가 처음으로 죽음을 경험하

고 저승으로 간 자로 이제는 죽은 사람들을 심판하고 관리하는 신이 되었다. 사람이 죽으면 육신은 사라지고 영혼은 하늘나라로 가거나 다시 태어난다는 아리아족들의 사고를 대변하는 것이 야마이다. 사후에 사자死者의 생전 선행과 악행을 가늠하여 그가 행한 행위에 따라 천국과 지옥으로 보내진다고 믿는 것이다.

그래서 리그베다에서는 야마와 사자의 영혼을 찬양할 뿐만 아니라 조상Pitr에 대한 존경심을 표하고 있다. 조상 숭배는 그때부터 인도 종교의 중요한 의례가 되었다.

험한 난관을 헤치고 많은 사람들을 위해 길을 찾아낸 비바스반Vivasvan(태양)의 아들, 사람들을 불러 모으는 자, 야마 왕에게 공물을 바치면서 그를 공경하라.
야마는 우리를 위해 처음으로 길을 발견한 자니, 그곳은 영원히 없어지지 아니하리라. 그곳은 우리의 조상들이 건너간 곳이며, 앞으로 태어나는 모든 사람들도 각자의 길을 따라가게 되리라.

— 『리그베다』, 5.14.1~2

가시오, 가시오, 우리의 조상들이 건너갔던 그 옛길을 따라 가시오. 그곳에서 그대는 제의의 음료를 즐기고 있는 야마와 바루나 두 왕을 만날 것이오.

그대의 희생 제의와 선행에 대한 보답으로 지극히 높은 천상에서 야마와 함께, 조상들과 연합하시오. 모든 불완전한 것들은 남겨 두고 영광스러운 몸을 입고 고향(하늘이나 땅)으로 돌아가시오.

— 『리그베다』, 5.14.7~8

5장
베다시대의 문학

    인도 아리아족의 초기 생활에 대한 부분적인 기록이 담겨 있는 『베다』는 그들의 역사와 종교를 알려 주는 유일한 근거가 되고 있다. 베다는 아리아족의 신앙이 인도에 뿌리를 내리면서 원주민의 신앙도 수용하여 힌두 문화의 꽃을 피운 브라만교의 근본 경전이다. 베다는 신들에 대한 찬가를 모은 책으로 처음에는 구전되어 오다가 후에 기록되었는데 이것은 인간에 의해 지어진 것이 아니고 하늘의 계시로 쓰인 것이라 하여 천계서sruti라고 한다. 원래 'sruti'라는 어휘는 '듣다'라는 뜻으로 이것은 주로 스승으로부터 제자에게 구전, 전승되어 온 것을 의미한다. 천계서에는 베다 본집, 즉 『리그베다Rig Veda』, 『사마베다Sama Veda』, 『야주르베다Yajur Veda』, 『아타르바베다Atarva Veda』의 네 베다와 이들 본집에 대한 해설서인 각종 브라흐마나Brahmana, 각종 아란야까Aranyaka, 각종 우빠니샤드Upanishad도 포함된다. 베다는 문학작품과 종교문헌이면서 동시에 신학, 철학, 의학, 천문학, 역사, 문학 등의 내용을 담고 있다.

베다는 세계에서 가장 오래된 문학작품이면서 힌두교의 근본 경전으로 인도의 사상과 문화의 뿌리가 되며 물질적 풍요보다 정신적 가치를 중시하는 인도인들의 영원한 바이블로 인도의 고대역사나 문화를 이해하는 중요한 문헌이다. 19~20세기에 들어서면서 인도 민족주의나 힌두 우월주의의 등장은 언제나 베다로 돌아가자는 구호를 내세웠으며 베다는 언제나 힌두사회의 강력한 이데올로기 역할을 해왔다. 기원전 4~3세기 이전에 베다연구의 보조학Vedanga으로서 음성학Siksa, 제사학Kalpa, 문법학Vyakarana, 어원학Nirukta, 운율학Chandas, 천문학Jyotisa 등의 학문이 성립되었다.

좁은 의미의 베다는 베다 본집인 『쌍히따Samhita』를 지칭하는데 여기에는 리그베다, 사마베다, 야주르베다, 아타르바베다가 포함되고 넓은 의미의 베다에는 쌍히따들과 브라흐마나, 아란야까, 우빠니샤드까지 들어간다.

마누법전에는 '베다가 모든 다르마의 근원'으로 브라만은 모든 어려움을 참고 베다를 학습해야 한다고 베다의 중요성을 강조하고 있다. 베다는 신들에 대한 찬가와 의례에 사용되는 주문들로 대부분 3~4행의 운율을 지닌 형태의 오래된 시 문학작품이며, 인도사상의 뿌리를 찾아볼 수 있는 철학서이기도 하다.

베다의 형식이나 내용으로 보아 이것은 한꺼번에 특정 인물에 의해서 창작되거나 편집된 것은 아니다. 『리그베다』의 일정 부분들이 먼저 형성된 상태에서 『사마베다』, 『야주르베다』의 관련된 부분들이 나오고 이후 신관의 변화와 함께 『아타르바베다』가 나왔을 것으로 추정한다. 이와 같은 과정을 거치면서 형성된 베다의 텍스트들은 여러 전승 전통을 통해 구전되어 왔으며 현재는 몇몇 수집된 판본들이 존재하고 있다.

베다 본집에는 신을 찬양하는 서정시적 송가 1028개가 수록되어 있는 『리그베다』, 제례를 주관하는 사제가 부르는 노래의 구절을 모은 『사마베다』, 공양, 제사, 희생을 위한 『야주르베다』가 있다. 사마베다와 야주르베다는 리그베다의 내용을 용도에 맞게 재구성한 것이다. 이들 세 베다가 나온 이후 재앙을 물리치고 복과 소원을 빌거나 적을 물리치는 신비스러운 방법으로서 주법呪法을 모아 베다에 첨가한 것이 아타르바베다이다.

1. 리그베다

아리아인들은 편잡 지방에 정착하면서 자연의 위력적인 현상에 대해 두려워하기도 하고 때로는 그 은혜로움을 찬미하기도 하였다. 그래서 그들은 자연현상에 신성과 신격을 부여하고 새로운 창조신화를 만들어 나갔다.

'찬양의 지식'이란 어원적인 의미를 가지는 『리그베다』는 기도와 찬양과 제사를 통해 신을 찬미하며 전쟁에 대한 승리와 장수 그리고 행운을 빌고 신들의 은총을 기원했던 찬가들을 집대성한 것으로서, 세계에서 가장 오래된 문학작품이다. 리그베다 속 신들의 이야기는 베다시대 인도인들의 정신세계와 그들의 인생과 우주에 대한 깊은 통찰력을 보여 주고 있다.

『리그베다』의 내용은 여러 자연신들에 대한 찬가, 다양한 신화와 설화이고 그 외에도 혼례, 장례 의식 등 일상생활에 관한 다양한 주제가 담겨 있다. 특히 리그베다에 가장 많은 부분은 신들에 대한 찬가가 차지하는데, 찬가의 대상이 되는 신들의 수가 많은 것을 보면 베다 시대의 종교는 다신교적 우주관을 담고 있다. 그 당시는 인간이 살아가는 데 필요한 바람, 불, 물, 천둥, 비와 같은 자연현상의 배후 신들이 천상에 살고 있고, 인간의 생활에 깊이 관여하고 있다고 믿었다. 그래서 때에 따라 자연의 분노를 막기 위해 또는 은혜에 감사하기 위해 제사를 지냈다.

신들은 대부분 자연현상이 신격화된 것이었지만, 이 외에 동식물도 신격화의 대상이 되었다. 그리고 뜨와슈따Tvasta(창조자), 비슈와까르만Visvakarman(세계를 지은 자)과 같이 자연의 창조력을 신격화하거나, 모든 생물의 조물주로서 쁘라자빠띠Prajapati(만물의 주인)도 나타난다.

리그베다 찬가는 현재 1028개의 찬가Sukta를 포함하고

10권(Mandala)으로 구성되어 있다. 성립의 연대나 지역에 관해서는 여러 주장이 있다. 여러 파의 본집이 있다고 하나 현재에는 샤쿨라Sakula파의 본집만이 남아 있다. 『리그베다』는 마법의 주문을 담고 있는 『아타르바베다』와 함께 신화와 민속학 연구 등에 소중한 자료가 되고 있다.

2. 리그베다에 나타난 우주와 인간의 창조

초기 베다에서 자연현상과 그 세계를 다스리는 자연적 요소 즉 태양, 불, 물, 천둥 등이 신격화되어 숭배를 받았다면, 그 후에는 그 모든 현상의 배후에서 이러한 현상을 만들어 내고 조종하는 배후의 존재에 대한 의문으로 창조주의 이름이 나오기 시작한다.

『리그베다』의 시인들은 다양한 상상력을 동원하여 여러 신들이 제각각의 기능을 하며 우주와 인간을 창조하는 것을 보여 준다. 유명한 창조의 찬가인 나사디야Nasadiya는 수많은 신들로 인격화된 물리적 자연현상의 배후에 유일한 실재 (유일자The Oneness, 근원자) 에 대한 노래이다. 이 찬가에서

는 물이 지상 생명의 근본 바탕일 뿐만이 아니라 우주 창조
의 본바탕임을 말해 주고 있다.

태초에는 비존재도 존재도 없었다. 공간도 없고 하늘도 없었
다. 덮여 있는 것은 무엇이었던가? 어디에 있고 누가 그것을
감싸고 있었던가? 바닥도 없고 측량할 수 없는 깊은 물이 그
곳에 있었던가?
그때는 죽음도 없고 불멸도 없었다. 밤도 없고 낮도 없었다.
바람도 없는 그 속에서 스스로 숨을 쉬는 유일자만이 있었
다. 그 외에는 아무것도 없었다.
태초에 어둠이 있었다. 세상은 혼돈의 소용돌이였다. 자궁
에 덮인 잉태에서, 의식의 열기(제사 행위)에서 힘차게 유일
자가 탄생했다.
태초에 그에게서 욕망이 일어났다. 그것은 의식(마음)의 첫
씨앗이었다. 그리고 마음속에서 지혜를 좇던 현자는 비존재
속에서 존재와의 관계가 있음을 인지하였다.
그들의 줄(관계)이 엇갈려 뻗어 나간 한줄기 빛. 아래에는 무
엇이 있었으며 위에는 무엇이 있었던가? 씨를 뿌리는 사람

이 있었고 강한 힘이 있었다. 아래에서는 솟아오르는 생명력
(맛볼 것)이 위로부터는 강한 의지(맛보는 사람)가 나왔다.

누가 진정 알 것인가? 누가 여기서 선언할 수 있을 것인가?
어디에서 이 창조가 흘러오고 어디에 그 기원이 있는가를?
이 거대한 물결을 타고 여러 신들이 나타났다. 그것이 어디
에서 어떻게 존재하게 되었는가를 누가 알 수 있으랴?
이 창조의 흐름, 누가 그것을 흐르게 하였건 또는 아니건, 가
장 높은 하늘에 계신 창조의 주관자, 그분만이 혼자 알 것인
가, 아니면 모르는 것일까?

— 『리그베다』, 10.129.1~7

다음으로 최초의 우주적 인간(뿌루샤)의 탄생의 찬가를 살
펴보기로 한다.

밝게 빛나는 육체를 가진 뿌루샤는, 천 개의 머리와 눈 그리
고 발을 가지고, 지상의 사방세계를 뒤덮고, 내부의 세계 위
에 군림한다.
뿌루샤야말로 진정 이 우주, 지금까지도 그러하였고 앞으로

도 그러하리. 자양분을 섭취하여 일어설 때, 그는 진정 불사의 지배자.

뿌루샤는 진실로 위대하다. 인간으로 존재하는 그는 더욱 위대하다. 모든 피조물은 그의 한 부분이고, 나머지 세 부분은 하늘에서 불멸한다.

그의 세 부분은 하늘로 올라가고, 한 부분은 지상에 다시 태어났다. 이곳에서 그는 온 사방으로 생물과 무생물을 향해 나아갔다.

뿌루샤에서 광휘의 원천이 샘솟고, 광휘의 원천에서 뿌루샤가 나왔다. 태어나니 동서남북 높고 낮은 곳 가릴 것 없이 그는 이 땅의 주인.

뿌루샤를 제물로 삼아 신들이 제사를 행할 때, 봄은 제사에 쓰이는 기름, 여름은 연료, 그리고 가을은 은총.

잔디 위에서 축복받은 그 희생물은 태초에 태어난 뿌루샤였다. 신들은 뿌루샤로 제사를 지냈으니, 현자와 성인들도 그렇게 하였다.

헌신하는 그 행위(제사)에서 송가와 찬가가 탄생되고 불렸다. 여기에서 운율이 생기고 또한 성스러운 만뜨라가 나왔다.

여기에서 말이 태어나고 두 줄 이빨을 가진 짐승이 태어났다. 가축들이 여기에서 태어나고, 염소와 양도 여기에서 태어났다.

신들이 뿌루샤를 나눌 때 그 신체의 부분은 어떻게 나누어졌는가. 입과 팔은 무엇이 되고 허벅지와 발은 무엇이라고 불렸는가.

그의 입은 브라만(Man of the Word)이 되고, 그의 팔은 왕자(전사)가 되었네. 그의 넓적다리는 평민 백성을 생산하고 발은 봉사자Servant, Sudra를 탄생하게 하였다.

그의 마음은 달을 생산하고 그의 눈에서는 태양이 탄생하였다. 그의 입에서는 번갯불과 불(인드라와 아그니)이 생산되고, 그의 호흡에서 바람이 생겨났다.

그의 배꼽에서 공간이 생겨나고 그의 머리에서 하늘이 생겨났다. 그의 발에서 땅이, 그의 귀에서 방향이 태어나고 이리하여 세상은 제자리를 잡았다.

신들이 제사를 지내매 뿌루샤를 희생의 짐승으로 쓰고자 묶을 때, 그를 둘러싼 덮개는 일곱이요, 준비된 땔감은 일곱의 세 곱이었네.

신들은 제물로써 희생물에게 제사를 드렸네. 이것들은 태초부터 확립된 제의의 법칙들. 이러한 제의의 힘을 가진 자는 지복에 도달하니, 그곳에는 신들이 살고, 그곳으로 가는 길을 닦은 옛 선인들이 살고 있네.

— 『리그베다』, 10.90.1~16

이 찬가는 우주적 인간 뿌루샤의 기원과 그의 위대함을 노래하고 이어 뿌루샤와 희생 제사의 구체적인 모습을 보여 주고 있다. 최초의 우주적 인간 뿌루샤는 자신의 몸을 희생시켜 우주를 만들어 낸다. 그의 마음에서 달이, 눈에서 태양이, 입에서는 인드라와 아그니가 나오고, 그의 머리는 하늘, 발은 땅, 숨결은 바람이 된다. 그의 몸은 크게 네 부분으로 나뉘어서 입은 브라만이 되고, 팔은 크샤트리아, 넓적다리는 바이샤 그리고 발은 수드라(하층민)가 되는데 이것이 오늘날 카스트제도의 근본이다.

브라만은 각종 만뜨라를 암송하며 제사를 주관하는 사제가 되고 크샤트리아는 국가와 사회를 지키는 전사나 군인의 임무를 맡고 바이샤는 주로 농업이나 상업 활동을 하게 되어 있다. 당시에는 일의 효율을 위한 사회적 역할 분담의 의미였지 오늘날과 같은 계급적 분류는 아니었다. 여기서 우리는 최초의 우주적 인간 뿌루샤의 희생적 제사를 통하여 우주 만물이 창조되고 상호 연결되어 있음을 볼 수 있다.

우주의 창조자가 황금 궁Hiranyagarbha(모태)에서 나왔다는 또 다른 신화가 있다. 황금 모태는 나중에 황금 계란으로 불리기도 하는데 여기서 태어난 자가 쁘라자빠띠이다.

태초에 황금 궁이 생겨났으니 세상의 어버이가 하나 생겨 있었다.

그가 하늘과 땅과 허공을 창조했으니, 우리가 제물 바쳐 받들어야 할 신은 누구인가?

그는 호흡과 생기와 힘을 주며, 모든 신들이 그의 명령을 따르노니, 그의 그림자는 불멸의 생명이로다. 우리가 제물 바쳐 받들어야 할 신은 누구인가? 그는 자신의 위대함으로 숨쉬며 세계의 하나뿐인 왕이 되었으니, 그는 사람과 짐승들 모두를 지배하신다. 우리가 제물 바쳐 받들어야 할 신은 누구인가?

눈 덮인 산은 그의 것이요, 바다와 라사(강)는 그의 것이라고 사람들은 노래한다.

그의 양팔은 하늘과 천지를 소유하고 있다. 우리가 제물 바쳐 받들어야 할 신은 누구인가?

그에 의해 하늘과 대지가 강대해졌고 태양과 창공은 자리를 잡았으며 하늘 공간을 측량하였다. 우리가 제물 바쳐 받들어야 할 신은 누구인가?

하늘과 땅의 두 세계는 그의 도움으로 지탱하니,

태양은 떠올라 전율하면서 그를 우러러보며 비추도다. 우리가 제물 바쳐 받들어야 할 신은 누구인가?

만물을 잉태하고 있는 강력한 물이 불을 뿜으면서 나타났을 때, 그는 거기에서 신들의 호흡으로 탄생하였다. 우리가 제물 바쳐 받들어야 할 신은 누구인가?

그는 위대한 힘으로 제사를 낳았던 그 물을 살펴보셨으니, 그는 모든 신들 위에 군림하는 유일한 신이시다. 우리가 제물 바쳐 받들어야 할 신은 누구인가?

대지와 하늘을 창조한 그대여, 우리를 벌하지 마소서.

정의의 실현자이며, 빛나고 강대한 물을 창조한 자여, 우리
가 제물 바쳐 받들어야 할 신은 누구인가?

오, 쁘라자빠띠, 만물의 창조자여, 오직 그대만이 만물을 포
용할 수 있도다. 우리가 제물을 바치며 소원하는 것을 이루
어 주소서, 우리를 부요하게 하소서.

— 『리그베다』, 10.121.1~10

태초에 황금 궁에서 태어난 자가 하늘과 땅을 창조하고
모든 피조물의 유일한 창조주가 되어 천지를 정돈하고 생
명과 죽음을 지배하는 절대자가 된다. 후렴구 "우리가 제물
바쳐 받들어야 할 신은 누구인가?"를 반복하면서 마지막에
그 창조자가 쁘라자빠띠라고 답하는데 이는 그가 인간들의
제의와 공물을 받을 충분한 자격이 있는 절대자임을 강조
하는 것이다.

아래의 찬가에서는 따빠스를 우주창조 질서의 맨 위에
놓고 거기에서 우주의 질서와 대자연의 요소들이 탄생함을
묘사하고 있다. 따빠스는 자연과 우주 차원의 열기 또는 제
사에 관련된 수행자의 명상과 고행에서 나오는 열기로 해

석할 수 있다.

> 타오르는 열기에서 우주 질서인 리따와 진리가 태어났고
> 이 열에서 밤이 그리고 풍랑이 이는 바다가 생겨났다.
> 이 바다의 풍랑에서 연수(역년)가 나왔으며,
> (그는) 낮과 밤을 정하는 자요 모든 생존물의 지배자라.
> 이후 위대한 창조자는 태양과 달을 차례로 만들었고,
> 하늘과 땅과 공간을 만들고 빛을 비추었다.
>
> ― 『리그베다』, 10.190.1~3

『아타르바베다』에 나타난 창조에 관련된 찬가이다.

일곱 빛살을 지니고 천의 눈을 가진, 늙지 않으며 많은 씨앗을 지닌 시간이라는 말이 달리네. 지혜로이 앞을 내다보는 이들은 온 세상에 갈 바를 두는 그 말을 올라탄다네. 시간은 일곱 바퀴를 굴리네, 이 일곱은 시간의 중심이요 불멸의 영생이네, 바로 이 시간이 이 모든 세상을 만들고, 이 시간이 빛나는 이로서 진정 처음으로 움직였네. 시간에 모든 그릇이

있으니, 진실된 사람은 이 시간을 진정 여럿으로 본다네. 최고의 하늘에 있다고 이르는 시간, 그 시간이 이 모든 세상에 나타나네. 시간이 바로 세상을 만들고, 시간이 바로 두루 세상에 미치네. 시간은 이 세상의 아비이며 아들이라, 시간보다 더 나은 다른 빛은 없다네. 시간이 저 하늘을 만들고, 시간이 또한 이 땅을 만들었네. 바로 시간 속에 있는 것과 있을 것, 그리고 진정 소망하는 이 순간이 머무른다네. 시간이 있음을 만들고 시간 속에서 태양이 빛나네. 시간 속에 만상이 있으며 시간 속에 눈이 바라본다네. 시간 속에 마음이 시간 속에 숨결이, 시간속에 이름이 깃들어 있네, 다가온 시간과 더불어 생겨난 이 모든 것들은 즐거워하네. 시간 속에 열이, 시간 속에 가장 큰 것이, 시간 속에 브라흐만이 깃들어 있네, 시간은 모든 것을 다스리는 이요, 쁘라자빠띠의 어버이라네. 시간에 의해 원하는 것이, 시간에 의해 세상이 생기고, 세상은 그 시간에 깃드네, 드높은 곳에 있는 이를 시간이 브라흐만 되어 돌보네. 시간이 인민들을 만들었네, 시간이 먼저 쁘라자빠띠를 만들었네, 쓰와얌브후(스스로 생겨난 존재) 가스야빠(여덟 번째 태양)가 시간에서 생겨나고, 열이 시간에서 생겨났다네.

— 『아타르바베다』, 19.53

여기에서는 시간에 의해 과거, 현재, 미래가 태어나고 시간에 의해 대지, 하늘 등 세상이 생겨나며, 브라흐만, 물, 열, 쁘라자빠띠도 시간에 의해 생겨났다.

3. 사마베다

'거룩한 노래'라는 뜻을 가진 『사마베다』는 사제들이 제의를 거행할 때 부르는 찬가집이다. 『사마베다』는 일정 부분을 『리그베다』의 8, 9권에서 뽑아낸 것으로 신들에 대한 찬가들을 일정한 고저, 장단의 선율에 맞추어 부를 수 있도록 표시한 것이다. 현재 까우툼나Kautumna학파와 자이미니Jaimini학파, 라나야나Ranayana학파 등 세 학파가 『사마베다』 본집의 교정본을 가지고 있다.

『사마베다』는 『리그베다』에 비해서 독립된 문학으로서의 가치는 크지 않다고 하나 베다시대의 제의와 가영의 실제를 이해하는 데는 매우 중요하다.

『리그베다』와 마찬가지로 『사마베다』에도 아그니, 인드라, 바유, 수르야 등이 주요 신으로 등장한다. 아그니는 지상을 통치하고 인드라는 대기를 통치하며 수르야는 하늘을 통치한다.

오 아그니여! 그대는 모든 제물에 대하여 신들을 초대하시는 자입니다. 신들 자신이 인간 세계에서 그대를 높이 추대하나이다. 우리는 아그니야말로 모든 신에게 메시지를 전달하는 자임을 아나이다. 아그니는 전지자요, 신들을 불러들이는 자이며, 제식의 절차에 따라 제의를 성사시키는 자입니다.

—『사마베다』

오소서, 아그니여! 찬양을 받으시고 축제와 제물에 다가오소서. 거룩한 목초 위에 호뜨르Hotr로 좌정하소서.

오, 아그니여! 당신은 신들에 의하여 인간들 가운데서 모든 제물의 호뜨르로 제정되었나이다. 우리가 선택한 대사이시여! 이 거룩한 제의를 완벽하게 수행하시는 자. 모든 부의 소유자, 호뜨르이시여!

— 『사마베다』, 1.1.1~3

오 인드라여! 우리는 당신이 우리 가운데 오시기를 염원하나
이다. 우리는 당신 앞에 절하며 복종하나이다. 우리가 부르
는 찬양을 통하여 우리가 간구하는 것을 들어 주소서. 사제
들은 당신 앞에 경의를 표하며 불을 밝히고, 당신을 위하여
자리를 마련하였나이다.

영원히 활력이 넘치신 인드라여! 부디 저희들을 돌보아 주소
서. 우리의 모든 원수를 물리치소서. 우리의 모든 방해물을
제거하여 주옵소서. 그리고 우리를 부유하게 하소서.

— 『사마베다』

4. 야주르베다

'제의의 지혜서'라고 불리는 『야주르베다』는 사제들이 제
사를 지낼 때 알아야 할 제사의 방법을 구체적으로 기술하
고 있다. 『리그베다』가 '호뜨르Hotr'라고 불리는 제관들의 찬

양시집이고, 『사마베다』가 '우드가뜨르Udgatr' 제관들이 부르는 찬가의 악보라면, 『야주르베다』는 제식의 실무를 담당한 '아드바르유Adhvaryu' 제관이 기준으로 삼아야 할 각 신들에 대한 찬가와 제의의 절차와 방식, 동물 제사, 공물의 선택, 봉헌의 절차 등에 관한 규정집으로 거의 산문으로 구성되어 있다.

이 베다의 성립 연대는 명확하지 않으나 브라흐마나보다 앞선 것이므로 적어도 기원전 1000년 또는 800년경으로 추정된다. 이 베다는 만뜨라와 더불어 제사의 신학적 해설서인 브라흐마나를 포함하고 있는 『흑야주르베다』와 찬양가인 만뜨라만을 수록하고 있는 『백야주르베다』로 나뉜다. 두 갈래의 텍스트는 다른 베다 본집들보다 훨씬 방대한 문헌 계보를 가지고 있는데 여기에 담긴 내용은 제사의 규범과 형식에 국한되는 것이 아니라 후에 전개되는 브라흐마나, 아란야까, 우빠니샤드로 이어지는 중요한 철학적 사고들을 포함하고 있으며, 일부는 『리그베다』에 담긴 찬양 시들이 그대로 반복된 부분도 있다.

아그니는 하늘의 수장이요, 이곳 땅에서는 주인이시다. 그는
물에서 나는 씨앗을 소생시킨다. 오, 아그니 그대여.

아그니는 천배 백배로 강한 주인이로다. 슬기로운 풍요의 수
장으로, 제사를 이끄시며 행운의 군마와 함께 땅을 다스리시
는 분. 그대는 하늘에 머물며 그대의 머리는 승리의 빛이시
나이다. 오, 아그니여!

그대는 그대의 혀로 제물을 나르게 하나이다. 아그니는 인간
이 불 밝힌 제단의 촛대로 깨어나 한 마리 암소처럼 슬며시
다가온 새벽의 여명을 만나는도다 ….

— 『야주르베다』, 6.4.4

아그니를 찬양하세. 소마를 찬양하세. 바유를 찬양하세. 사
비트리를 찬양하세. 사라스와띠를 찬양하세. 인드라를 찬양
하세. 브리하스빠띠를 찬양하세. 미뜨라를 찬양하세. 바루
나를 찬양하세. 모든 것들을 찬양하세.

— 『야주르베다』, 7.1.14

5. 아타르바베다

앞의 세 베다는 모두 제사와 깊은 관계가 있다. 앞의 세 근본적인 베다 외에 개인의 세속적 욕망이나 소원을 이루기 위한 주술적 주문이 다수 포함된 베다가 『아타르바베다』이다. 여기에는 민간전승의 신앙들, 속죄, 저주, 질병의 치유, 결혼식이나 장례 때 사용하는 주문 등 고대 인도의 민중 생활과 관련된 다양한 문제들을 해결하기 위한 기도와 주문들이 기록되어 있다. 이것은 철학, 윤리, 사회 질서, 정치학, 천문학, 의학, 심리학 분야의 중요한 자료가 되고 있다.

어떤 학자는 아타르바베다의 내용이 이란의 조로아스터교 성전인 아베스타Avesta를 이룩한, 불을 숭배하는 부족의 불 사제fire-priest와 동일한 '아타르반기라흐Atharvaāṅgiraḥ'라는 고대 인도의 불 사제들에 의해 전해진 것이라고 주장하며 불 사제들은 아타르반이라는 성스러운 마술을 부려 질병을 치유하고 적이나 저주를 물리치기도 하였다고 한다. 아타르바베다에 담긴 찬송시들 가운데 리그베다의 것들보다 더

오래된 것으로 보이는 시구들을 보고 이들 인도-이란인 불 사제들은 아리아인들이 인도로 침입해 들어올 때 함께 인 도로 이주해 왔을 것으로 추정한다.

베다가 제례의식을 통해 신들을 제단으로 불러내기 위한 주문이라면, 사제인 브라만은 제관이며 주술사였다. 따라 서 신들의 지위가 차츰 주술사의 권위로 바뀌어 갔다. 제례 의식이 점점 전문화되고 복잡해지면서 제례의식 그 자체에 더욱 의미를 부여함으로써 제례의식을 통하지 않고는 신의 위력도 무기력한 것이라고 믿게 되었다. 『아타르바베다』의 전문 사제인 브라만의 지위와 역할, 그리고 그들에 의해 만 연된 제례의식의 만능주의는 인도의 종교, 역사, 사회 발전 에 중요한 전환점이 되었다.

자제하여 아들은 아비와 한마음 되고 어미와 한마음 되어라.
아내는 남편에게 다정하게 말하여라. 이와 같이 하여 그대들
행복하여라. 형제는 형제를, 누이는 누이를 증오하지 마라.
함께 자제하여 함께 행하고 기쁘고 복스럽게 말하라.
— 『아타르바베다』, 3.30.2~3

간기다 나무는 악마를 멸망시키며 악의 세력을 물리치는 자이다. 강력한 힘을 가진 간기다여, 우리의 생명을 연장하소서. 간기다의 위대한 힘이 우리를 전적으로 사방에서 보호하리라.(악마의 퇴치와 보호를 기원하는 주문)

— 『아타르바 베다』, 19.34.4

내가 바치는 공물로 나는 죽어 가는 그대의 생명을 해방시키노라. 만일 강탈자 그라히Grahi가 여기서 이 사람을 속박한다해도 인드라와 아그니가 그를 해방시켜 주리라. 그의 생명이쇠락해 가더라도, 죽음의 언저리에 있다 해도, 심지어 그가죽었다 할지라도, 나는 파괴의 여신 니리티Nirriti의 무릎에서낚아채 나오리라. 나는 그를 100세까지 살게 하노라. 1000개의 눈, 100배의 힘을 가진 제물을 바쳐 그를 구해 내고 100배의 생명을 보장받게 하노라. 그리하여 인드라가 해마다 모든불행에서 (그를) 건져내도록 하노라.

— 『아타르바베다』, 3.11.1~3

이 여인은 남편을 얻게 될 것이다. 소마 왕께서 그녀를 사랑

스럽게 여겼기 때문이다. 그녀가 아들을 낳고 여왕이 될지니
라. 그녀가 남편에게 돌아가 사랑 속에 빛나게 되리라!

— 『아타르바베다』, 2.36.3

브라만을 온화한 사람이라고 생각하는 사람을 죽여라. 신
들을 욕되게 하고 재물만을 탐하는 사람, 그의 가슴에 인드
라가 불을 지피리라. 그가 살아 있는 한 천지가 그를 미워
하리라.

이러한 브라만같이 신들을 욕되게 하는 자들은 불에 타 죽임
을 당하리라. 심장을 꿰뚫는 강한 화살로 신들은 이들을 벌
하리라.(민중을 억압·착취하는 브라만을 저주하는 기도문)

— 『아타르바 베다』, 5.18.5~8

아그니여, 여기서 열병을 몰아내소서. 소마여, 바루나여, 열
병을 거두어 주소서. 붉게 타오르는 장작더미가 열병을 거
두어 가게 하소서. 지겨운 질병을 아주 몰아내 주소서. 이글
거리는 불꽃처럼 모든 인간을 창백하게 만드는 오, 열병(타
크만). 너는 이제 아주 무기력하게 되리라. 이제 썩 물러가거

라. 저 깊은 심연으로.

— 『아타르바 베다』, 5.22.1~2

『아타르바베다』의 주법呪法은 매우 광범위하고 다양하다. 거기에는 부귀와 건강, 장수의 기원, 인생의 장애에 대한 극복, 병의 원인과 치유, 축복과 저주, 파멸 기도, 남녀 간의 사랑, 가족의 우애, 자손 기원, 전쟁의 승리, 동물로부터의 보호, 가축의 번식과 보호, 가뭄 극복과 풍작 등 모든 일상사가 포함된다. 『리그베다』가 고대 아리아인의 상류층 생활상을 보여 주고 있다면 『아타르바베다』는 고대 인도의 원시적인 대중신앙과 미신들 특히 하층민들의 생활상을 담고 있다고 하겠다. 이 시기 현자들은 우주 창조론 차원의 신화나 재앙을 물리치고 복을 기원하는 주술 차원을 넘어서 우주의 근본원리를 생각하고 사색하기에 이르렀다.

6. 베다의 해석

브라흐마나, 아란야까, 우빠니샤드도 베다 해석에 관계

되지만 순수 베다를 해석한 최초의 책은 야스까가 쓴 『니루끄따』이다. 야스까는 어려운 어휘와 어구는 어근을 풀이하여 그 의미를 밝히고, 『브라흐마나』 등을 인용하여 자신의 의견을 표현하였다. 그는 신들을 세 종류(천상과 대기, 지상의 신)로 나누고, 모든 신을 대부분 독립적인 존재로 보고 신들의 배후에는 일반적으로 자연이 있다고 보았다. 그리고 신들을 알아야만 만뜨라들의 진정한 의미를 깨달을 수 있다며 신들에 대한 이해를 강조하였다.

인도의 전통적 베다 해석가로 유명한 학자는 15세기경의 싸야나Sayana가 있다. 그는 브라흐마나와 야스까의 해석법을 계승·발전시키고 집대성하여 전통적 베다 해석의 초석을 놓았다. 현대의 유명한 베다 해석가로는 다야난다Swami Dayananda, 1824~1883가 있는데 그의 베다 해석은 전통에서 벗어난 새로운 베다 해석으로, 베다의 여러 신들을 사회구성원의 이상적인 모델로 해석하는 것이었다. 다야난다는 베다를 제식의 한계를 뛰어넘어 개인과 가족, 국가와 사회의 근본 바탕이 되게 하여 삶의 문제를 해결하고자 하였다. 다시 말하여 『베다』를 이상주의적 사회 건설을 위한 기본

서로 삼자는 것이었다. 영국의 식민지배하에서 사회개혁 운동을 주창한 그의 구호는 베다시대를 이상사회로 받아들여 '베다로 돌아가자'는 것이었다. 다야난다는 1877년 리그베다의 산스크리트 해석과 함께 최초로 힌디 해석서도 펴냈다.

다야난드 외에 또 한 사람의 현대의 베다해석가로 슈리 아우로빈도Sri Aurobindo가 있다. 아우로빈도는 베다를 신비주의의 경전으로 간주하며 베다에서 인간의 내면에 존재하는 진리를 찾고 그 진리를 실현할 것을 강조한다. 그는 베다를 상징적으로 해석하여 신비주의적 신성을 인지하게 하였다.

6장
브라흐마나_{Brahmana} 문집

　베다의 부속 문헌으로는 『브라흐마나*Brahmana*』, 『아란야까*Aranyaka*』, 『우빠니샤드*Upanishad*』가 있다.

　기원전 1000년에서 기원전 800년경 현자들은 4개의 베다 해설서를 펴냈는데, 이것이 브라흐마나이다. 브라흐마나는 각 베다를 풀이하기 위한 것이므로 각각 그 해당 베다를 중심으로 만뜨라에 사용된 어휘의 감추어진 의미나 관련된 설화를 이야기해 준다.

　태초에 황금 궁이 생겨났으니

　세상의 어버이가 하나 생겨 있었다.

그가 하늘과 땅과 허공을 창조했으니

우리는 제물로 그 신을 받드노라.

— 『리그베다』, 10.121.1

이 만뜨라의 숨은 의미는 '맨 처음 황금 자궁에서 세상의 어버이인 쁘라자빠띠가 유일하게 생겨나고, 그 쁘라자빠띠가 하늘과 땅과 허공 등 삼계를 창조했으니 바로 그 쁘라자빠띠 신에게 재물을 바쳐 섬긴다'는 뜻으로 쁘라자빠띠를 찬양하는 내용이다.

네 베다에는 각각 하나 이상의 브라흐마나가 붙어 있다. 리그베다의 브라흐마나로는 『에이트레야Aitareya』와 『카우시타키Kausitaki』 두 개가 있으며 야주르베다에는 백야주르베다의 『샤타파타 브라흐마나Satapatha Brahmana』, 흑야주르베다의 『테이티리야 브라흐마나Taittiriya Brahmana』가 있다. 사마베다에는 8개의 브라흐마나가 있고 아타르바베다에는 『고파타Gopatha』라는 브라흐마나가 하나 있다.

브라흐마나 문헌들은 해당 베다의 해석과 그에 따른 제사의 방식 및 절차를 신학적으로 해석하고, 그 제식의 기원과 의미를 설명하였다. 사제들의 지침서인 브라흐마나 문헌들은 제사 행위의 의미와 결과에 대해 깊이 사색하였다. 제사의 행위가 일정한 결과를 가져온다는 사고에서 인과론이 나왔으며, 이것은 후에 업과 윤회 사상의 기초가 되었다. 브라흐마나를 내용적인 면에서 제사의식의 방식과 규범을 다룬 비디Vidhi와 제사의 기원과 제식의 신학적 설명을 담은 아르타바다Arthacada로 구분하는데 아르타바다는 제사의 철학적 논의로 이어져 『아란야까』가 나오는 계기가 되었다.

브라흐마나의 중심 주제는 제사가 모든 사상의 중심이되는 '제사만능주의'이다. 우주의 힘과 신의 위력 또는 신의 불멸성조차도 제사에 의한 것이라고 천명하기에 이른다. 사제들은 모든 지식 가운데 제사에 대한 지식이 가장 훌륭하며 신뿐만이 아니라 자연의 법칙조차도 제식 없이는 무력하다고 주장하였다. 이리하여 제사를 집행하는 브라만들은 사회의 최고계층을 형성하여 그들만의 특권을 누리고 스스로를 하나의 신이라고까지 자칭하였다.

학식이 있고 베다에 정통한 브라만은 인간이라는 신이다.

— 『샤따빠타 브라흐마나』, 2.2.2, 6

태초에 이 세계는 브라만이었다. 그것이 신들을 창조하였고 그 후 신들을 이 세계에 오르게 했다. 아그니는 땅 위에, 바유는 공중에, 수르야는 하늘에.

— 『샤따빠타 브라흐마나』, 10.2.3.1

브라흐마나에서는 쁘라자빠띠(창조의 주)가 최고의 신이 되었는데, 이것은 그가 일체의 우주이고, 제식을 창조하고, 스스로 제식을 행하고, 제식 그 자체가 되기도 하는 신이기 때문이다. 우주 창조 때 황금의 알에서 탄생한 것으로 기술되어 있는 쁘라자빠띠에 관한 신화로 난생 설화와 세계창조 신화 등이 있다.

태초에 이 우주는 물이었다. 물의 바다일 뿐이었다. '내가 어떻게 번식할 수 있을까?' 물은 소원하였고 노력하였다. 물이 고행을 통하여 열을 발하자 황금의 알 히란야가르바가 생겼다. 그때 아직 세월은 존재하지 않았다. 황금 알은 1년 동안 떠다니고 있었다. 1년이 지나고 그로부터 한 남자가 태어났다. 그가 바로 쁘라자빠띠였다.

— 『샤따빠타 브라흐마나』, 11.1.6

쁘라자빠띠가 제사를 만들었다. 신들이 그 제사를 행하였고, 각 신들은 원하는 바를 모두 이루었다.

— 『까우쉬따끼 브라흐마나』, 28.1

제사만능주의인 브라흐마나에서 우주의 통일적 원리로서의 실재-브라흐만(하나의 지고한 실재-One Supreme Reality) 개념이 나오게 되었다. 모든 것의 원리이며 근원적 실재의 힘인 브라흐만 개념에 대해 인간의 내면적 존재 '아뜨만'의 개념도 생겨났다. 나중에 이 둘은 하나라는 범아일여梵我一如 사상으로 이어진다.

브라흐마나 문집은 제례의식과의 관련하여 브라만에 의해 해석되고 발전한 것이다. 시간이 지나면서 브라만들은 제례의식을 지나치게 복잡하게 만들어 놓아 마침내 분야별

로 종교전종자Rtvija가 필요하게 되었다. 각 베다의 종교전종
자는 다음과 같다.

신을 권청하고 찬송하는 일을 담당하는 『리그베다』의 제
관 호뜨르가 있으며, 『리그베다』의 시구Mantra에 일정한 선
율Raga을 붙여 노래하는 『사마베다』의 제관 우드가뜨르, 공
물을 바치는 등 제사의 실무를 담당하는 『야주르베다』의
제관 아드바르유, 주로 주법과 제사 의례 전반을 통괄하는
『아타르바베다』의 기도 제관 브라만이 여기에 속한다.

실제로 브라만 사제들은 엄격한 고행과 노력, 그리고 사
색을 통해 지혜와 주술의 힘Brahman을 소유하게 되었다. 브
라만 제관들은 주력의 소유자로 주술의 힘을 이용하여, 제
례의식 전반을 통솔하는 지위에 올라 세습적인 제관으로서
브라만이라는 특수한 사제 계급을 형성하였다. 브라만 계
급은 베다 연구와 지식 개발에 힘써 논리학, 심령학, 점성
학, 신학, 철학, 수학, 언어학 등의 학문과 예술 발전에 크게
기여하였지만, 한편으로는 바르나제도(카스트제도)가 생겨
나는 직접적인 원인이 되기도 하였다.

이후 민중의식이 자각됨에 따라 브라만의 권위가 차츰

약화되고, 형식에 얽매인 브라만교 또한 민중에게서 멀어지기 시작했다. 그러면서 새로운 철학 사상과 종교 운동이 일어나게 된다. 그리하여 기원전 8~7세기에 이르러 자연현상으로서 인격화된 신들의 특성을 초월하여 그들의 배후에 있는 통일적인 실재를 탐구하려는 노력이 대두된다. 이 노력의 결정체가 우빠니샤드 사상이다. 우빠니샤드에서 브라만교의 형식적·폐쇄적 제사 행위에 대한 회의와 반성은 인도인들에게 큰 자극제가 되어 브라만교에 반대하는 새로운 종교 운동인 자이나교와 불교를 잉태하게 하였다.

네 베다와 브라흐마나는 제례의식을 중심으로 한 인간의 의무와 행위가 주 내용으로 구성되어 있다고 하여 '행위편Karma-kanda', 아란야까는 명상적 내용이 중요한 부분을 이루고 있다고 하여 '명상편Upasna-kanda', 우빠니샤드는 철학적 내용이 중요한 부분을 이루고 있다고 하여 '지식편Jnana-kanda'이라고 한다.

7장

아란야까 Aranyaka

　베다와 브라흐마 문집이 종교적 제사의식 Yajna과 그 전통을 지나치게 강조하자, 이에 반대하는 새로운 사상이 싹트게 된다. 『베다』 본집과 『브라흐마나』가 제의에 관한 경전이라고 하면, 『아란야까』와 『우빠니샤드』는 제식주의 및 제관의 권위주의에 대한 회의와 반발로 일어난 내적 사고와 지혜에 관한 경전이다. 기원전 8세기경 인도는 지적 불안과 회의, 그리고 심적·정신적 격동기였다. '인생은 어디까지이고, 사후 세계는 어떻게 되며, 이 우주는 어떻게 형성되어 움직이며, 이 우주를 움직이는 것은 무엇인가' 하는 등등의 의문을 제기하고 사고하는 사상가들이 나타났다.

이와 같은 지적 운동에서 후에 인도철학이 나오게 되는데, 이들의 영향으로 가정과 현실세상(속세)을 떠난 은둔자와 고행자의 수가 늘어난다. 즉, 브라만의 지나친 외형적 종교 의식과 제신들의 숭배에 반대하며, 그러한 종교의식의 생성과 발전 과정, 그리고 그 의의 및 중요성 등에 관해, 가정을 떠나 숲 속에서 사색, 수행하는 사람들이 쓴 문헌이 『아란야까』이다.

'숲'이란 뜻의 아란야까 역시 형식적으로는 브라흐마나와 마찬가지로 베다를 설명하기 위한 해설서이다. 그러나 그들은 단순한 제의의 실행보다 제의의 상징적 의의를 밝히는 것이 더 중요하다고 생각하였다. 이것은 아란야까 시대의 베다 해석자들이 브라흐마나 시대보다 더 깊이 사고하였음을 나타내는 것으로 당시 자유롭고 다양한 독립적 사유가 가능했음을 의미한다. 그 결과로 영혼, 행위 주체, 윤회를 비롯한 존재의 근원 문제가 제기되었다.

사실 숲 속에 은둔하여 수행하는 슈라마나Sramana들은 제사를 중시하는 베다적 세계관이 지배하는 상황에서도 베다의 권위에 최고의 의미를 부여하지 않는 고행자들이었다. 이들은 제관 중심의 소위 '정통파'에 밀려 있었지만, 결과적으로는 정통파 사상가에게 적지 않은 영향을 주었다. 관습이나 전통에 매여 있지 않고 개별적으로 수행하는 이들의 내면적 성찰의 결과는 수시로 정통파 사상가들에게 자극이 되었다. 이것이 베다 사상의 연장으로 이어져 드디어 베다 사상의 정수라고 불리는 우빠니샤드의 시대가 열리게 된다.

8장
우빠니샤드 Upanishad

　아리아족이 인도로 이주한 후 수 세기가 지나자 리그베다 초기의 순수한 믿음에 많은 변화가 일어났다. 기원전 6세기 중반에 이르러서는 사제 이외의 사람들도 자유롭게 철학적 사유를 하게 되었다. 제사의식이 지나치게 중요시되고 형식화되어 종교적 영성도 사라지고 사제들의 물질적 탐욕으로 신과 인간의 관계도 믿음보다는 물질적 관계로 변질되었다. 이와 같은 브라만의 제사만능주의 경향을 거부하고 종교의 참된 가치를 찾으려는 운동의 결과가 우빠니샤드이다. 우빠니샤드는 베다와 관련된 제식적인 상관성도 일부 갖지만 그 상관성은 제식이 가지고 있는 형이상학적인 의미를 해석하는 데 핵심이 있다. 베다의 형이상학을 논하는 우빠니샤드를 '베단타Vedanta'라고 부르는데 이것은 우빠니 샤드가 '베다의 정수 또는 최고봉'이라는 의미이다. 바로 우 빠니샤드가 베다 사상의 결정체이기 때문이다. 우빠니샤드 의 사상적 배경은 항상 변하는 현상 세계를 초월하여 영원 한 실재에 도달하기 위해서는 외양적인 의례 행위가 아닌 우주의 영원하고 절대적인 실재 자체를 아는 지식이 필요 하다는 것이다. 인간이 알아야 할 자연과 신에 대한 지식에 서 출발한 고대 인도인들의 지적 요구는 우빠니샤드로 구 현되었으며 그 속에는 수백 년간 수많은 현인들의 사유와 깨달음이 담겨 있다.

우빠니샤드의 의미는 '스승 가까이에 앉는다'는 뜻이다. 제자가 현자나 스승 가까이에 앉아 그들로부터 신비스러운 지식을 전수받는다는 뜻이다. 다시 말하여 스승의 가르침 이 없으면 우빠니샤드의 내용을 정확히 이해할 수 없다는 것이다.

우빠니샤드는 '과거에도 있었고 현재에도 있으며 미래에 도 있을 것'을 '진리'라고 부르고 인생의 목적을 이 진리의 발견에 두고 있다. 우빠니샤드의 주된 관심은 자기 자신과 세상과 우주의 원리 그리고 그들 상호간의 관계에 관한 것이다. 나는 누구이며 어떻게 생겨 나왔을까? 내가 죽으면 나의 의식은 남을 것인가 아니면 육신과 함께 사라질 것인가? 생명은 물질인가 정신인가? 사람이 죽으면 무엇이 남는가? 삶의 목적은 무엇인가? 이러한 존재의 근원적 진리를 탐구하는 우빠니샤드에는 우주의 궁극적 실재를 추구하는 철학적 노력과 영원한 삶을 추구하는 종교적 열망이 가득 차 있다.

1. 우빠니샤드의 종류

'스승 곁에 앉아 전수받는 비밀스런 지혜'라는 뜻의 우빠니샤드 문헌의 수는 『이샤 우빠니샤드』, 『께나 우빠니샤드』, 『까타 우빠니샤드』, 『찬도갸 우빠니샤드』, 『브리하드 아란야까 우빠니샤드』 등 200여 개나 되는데 이들의 저작 시기는 대략 기원전 8세기부터 기원전 3세기 사이로 추정된다. 붓다 이전인 기원전 6세기 이전에 쓰인 우빠니샤드를 초기 베다 전통의 우빠니샤드로 공인 분류하고 이 숫자를 18개로 본다.

초기에 형성된 것으로는 『찬도갸 우빠니샤드』, 『브리하드아란야까 우빠니샤드』, 『따잇띠리야 우빠니샤드』, 『아이따레야 우빠니샤드』, 『까우쉬따끼 우빠니샤드』, 『께나 우빠니샤드』 등이 있는데, 주로 산문체로 되어 있고 우빠니샤드의 주요한 개념들이 분명하게 제시되었다.

『까타 우빠니샤드』, 『이샤 우빠니샤드』, 『슈웨따슈와따라 우빠니샤드』, 『문다까 우빠니샤드』는 중기에 형성된 것들로 대체로 운문체의 형식이 많다. 『쁘라스나 우빠니샤드』, 『만두끄야 우빠니샤드』는 가장 후기에 형성된 것으로 보이며 운문과 산문이 혼합된 문체를 보여 준다. 『무끄띠까 우빠니샤드』에 의하면 우빠니샤드의 수는 108개이며 이들 우빠니샤드를 모두 읽으면 살아서 해탈을 얻는다고 하였다.

이와 같이 수백 년 동안 형성된 우빠니샤드들은 공통적으로 인식 주관을 둘러싼 객관과 주관의 문제에 대해 지속적으로 탐구하여 브라흐만, 아뜨만, 범아일여, 업, 윤회, 해탈 등의 개념을 제시하였다. 이와 같은 개념들은 우빠니샤드 안에서 대화나 문답의 서술 형식, 비유, 은유, 상징 등의 다양한 방법을 통해 자유롭게 논의되었다.

2. 우빠니샤드의 주요 개념

우빠니샤드 안에 브라흐만, 아뜨만 사상과 더불어 윤회, 업, 해탈, 다르마의 개념이 등장하여 인도의 종교철학 사상으로 정립되었다. 학자들은 업과 윤회, 해탈의 개념과 더불어 인도문화의 정신적인 유산으로 알려진 아힌사(비폭력), 인내와 관용, 세상사에 초연한 은둔사상도 비아리아족(드라비다족)의 종교전통에서 나왔다고 보고 있다.

1) 브라흐만Brahman과 아뜨만Atman

우빠니샤드는 인간에 대한 사고를 바꾸게 했다는 점에서 큰 의의가 있다. 베다의 초기에는 신들이 최고의 존재였다. 그리고 종교는 주로 제례, 희생 또는 주문 암송 등이 전부였다.

우빠니샤드 사상은 모든 사물의 근원적인 힘으로서 우주의 본체인 범梵; Brahman을 상정하고, 그것은 또한 개인의 본체로서 인간에게 내재되어 있는 형이상학적 실체인 아我; Atman와 '하나'라고 보는 것이다. 이것이 우빠니샤드에 나타난 범아일여梵我-如 사상이다. 이 두 원리가 본질적으로 동일하다고 여김으로써 우주나 개인이 하나의 원리 속에 있다는 세계관과 인생관이 나오게 되었다.

브라흐만이라는 단어의 뜻은 '넓게 퍼져 어디든지 존재하는 것'으로 모든 세상의 동력이며 원천으로 전지전능하고 완전한 존재를 말한다. 브라흐만은 모든 것을 알고 모든 것을 할 수 있는 완전한 존재이다. 아뜨만은 '항시 일정하게 움직여 퍼지다'라는 뜻을 가지고 있는데 인간의 육신을 채우고 있는 기 또는 숨을 지칭하며, 자기 자신의 참모습을 가리킨다. 자신의 주관적 정체가 자신을 둘러싼 세계, 자연 등 모든 것과 연관되어 있음을 함께 인식하는 것이다.

우빠니샤드는 개별적 인식 주체를 아뜨만(생명체의 '숨', '자기 자신')이라 하고 전체적 주체, 즉 궁극자로는 브라흐만('넓게 퍼져 존재하는 것')이라고 칭하고 이 둘이 부분과 전체처럼 서로 다르지 않음을 인식함으로써 인간 지성의 가장 높은 목적지에 도달할 수 있으며, 이는 곧 인간이 제각각 삶을 살아가는 이유를 자각하게 하고 스스로 삶의 방법을 발견하게 한다고 말한다.

"바로 가깝고 직접적인 브라흐만, 모든 것들 속에 든 아뜨만을 나에게 설명해 보시오."

"모든 것 속에 든 그것이 아뜨만이오."

"모든 것들 속에 무엇이 들었다는 것이오?"

"배고픔과 목마름, 슬픔, 미혹, 늙음, 죽음을 초월하는 것이 들어 있소. 현자는 그 아뜨만을 알고 자손에 대한 갈망, 재물에 대한 갈망, 세상에 대한 갈망을 버리고 수도승으로 나서지요. 자손에 대한 갈망은 곧 재물에 대한 갈망이며, 재물에 대한 갈망은 곧 세상에 대한 갈망이라 이들은 모두 갈망일 뿐이오. 그러므로 브라흐만을 아는 자는 배움으로 행하고, 어린아이와 같은 상태로 살기를 원하지요. 그는 어린아이와 같은 상태, 그리고 (지혜를 갖게 하는) 배움을 통해 성자가 되는 것입니다. 그는 이제 모든 것을 아는 성자가 되는 것입니다. 그리고 나면 그가 침묵하거나 침묵하지 않거나 언제나 브라흐만이니 그가 따로 무엇을 하겠습니까. 그가 행하는 대로 그대로 되리니, 이것을 알게 하는 지혜 말고는 모든 것이 덧없는 것입니다.

— 『브리하드아란야까 우빠니샤드』, 3.5

"이 소금을 물에 담그고, 내일 아침에 와 보아라."
아들은 그대로 했다. 아침이 되자 아버지는 아들에게 말했다.
"네가 어젯밤 담가 두었던 소금을 꺼내라."
아들이 아무리 보아도 소금을 찾을 수 없었다.
"총명한 아들아, 소금을 볼 수 없을 것이다. 그러나 소금은 그대로 그 안에 있다. 이제 맨 위 표면에 있는 물의 맛을 보거라. 맛이 어떠하냐."
"짭니다."
"그럼 중간의 물을 맛보아라."
"짭니다."
"자 그럼 이제 맨 밑바닥에 있는 물의 맛을 보거라."
"짭니다."

"그래, 그 물을 버리고 다시 내게 오너라."

아버지의 말씀에 따라 아들은 그대로 하면서 생각했다. '소
금은 눈에 보이지 않았지만 계속 그 안에 있었구나.' 아버지
가 말했다.

"네가 그 존재를 볼 수는 없었지만 그 존재는 여기 있는 것이
다. 그 아주 미세한 존재, 그것을 세상 모든 것들은 아뜨만으
로 삼고 있다. 그 존재가 곧 진리이다. 그 존재가 곧 아뜨만
이다. 그것은 바로 너이다. 아들아."

— 『찬도갸 우빠니샤드』, 6.13

위의 부자간의 대화에서 보는 것처럼 우빠니샤드에서 가
장 중요하게 여기는 것은 자기 자신인 아뜨만과 브라흐만
이 동격이라는 진리를 깨닫는 것이고, 그 깨달음의 주체가
아뜨만이라는 것이다.

『찬도갸 우빠니샤드』에 나오는 철인 웃달라까는 다섯 명
의 학자들이 궁극자에 대해 알고자 자신을 찾아오자, 자신
보다 아슈와빠띠 왕이 더 잘 설명할 수 있는 인물이라며 모
두를 데리고 왕에게 간다. 왕은 각자의 생각을 먼저 묻는

다. 첫 번째 학자는 궁극자가 천계와 같은 것이 아니겠냐고 말한다. 두 번째 학자는 태양, 세 번째 학자는 공기, 네 번째 학자는 창공, 다섯 번째 학자는 물, 웃달라까는 땅과 같은 것이 아니겠냐고 각각 대답한다. 그러자 왕은 그들에게 전체 중 일부만을 생각하며 이해하고 있다고 지적한다. 비유하자면, 천계는 궁극자의 머리, 그리고 태양, 공기, 창공, 물, 땅은 각각 그의 눈, 호흡, 몸통, 방광, 발이라 할 수 있다는 것이다. 이 모두는 궁극자가 아니지만 궁극자는 '존재하는 자'이며 '생각하는 자'로서 이 모두를 포함하고 있다. 이에 따르면 세상의 그 어떤 부분도 궁극자와 관련 없는 부분은 없다는 것이다.

2) 업과 윤회

업과 윤회는 삶이 고통이라는 자각과 그 원인에 대한 통찰에서 시작된다.

우빠니샤드의 인과론은 이 세상에서 자신의 미래를 만들어 가는 주체가 그 자신이기 때문에 스스로 어떤 행위를 하는가에 따라 그 결과 역시 자신이 받게 되어 있다는 것이다. 이것이 바로 업Karma이다. 즉, 행한 대로 거두고 뿌린 대로 거둔다는 것이다. 우빠니샤드는 인간이 이 세상에서 선을 행하고 착하게 살면, 내세에 더욱 좋게 태어난다는 것을 제시하고 있다. 이것은 인간이 자신의 행동에 개선에 개선을 거듭함으로써, 나중에는 태어나고 죽는 고통으로부터 완전히 해방되어 영원한 구원을 얻는 것, 즉 브라흐만이 되는 것이라고 가르치고 있다.

만드는 대로 행하는 대로 그대로 되리니,

선한 일을 하면 선한 자가 되고

악한 일을 하면 악한 자가 될 것입니다.

그가 원하는 대로 그대로 의지가 생기고

의지가 생김으로써 업을 쌓고,

업을 쌓음으로써 드디어 그 결과를 얻게 되는 것입니다.

— 『브리하드아란야까 우빠니샤드』, 4.4.5

무지에 갇혀 그 의식을 통제하지 못하는 사람은,

그 지혜가 영구한 순수함에 이르지 못하여 최종 목적지까지

가지 못하고 탄생과 죽음의 윤회의 길을 따라 이 속세로 다시 되돌아 내려온다.

지혜롭게 마음을 통제하여 그로써 영구한 순수함에 도달한 사람은 그 목적지까지 도달하여 이 고통스런 탄생과 죽음의 쳇바퀴 속으로 다시 내려오지 않게 된다.

지혜를 가지고 마음의 고삐를 단단히 쥐는 통제력을 가진 사람은 이 세상의 여로를 마치고 편재하는 신의 그 지고한 경지에 도달하게 되리라.

— 『까타 우빠니샤드』, 1.3.7~9

윤회란 일반적으로 사후에도 불멸의 영혼이 남아 인간 세계를 포함하는 어떤 다른 세계에서 생사를 거듭한다는 의미이다. 어떠한 세계에 태어날 것인가 하는 문제는 생전에 행한 행위에 따라 좌우된다. 인간은 욕망의 끈이 남아 있는 한 계속 업을 쌓고 윤회한다는 것이 우빠니샤드의 가르침이다. 이와 같이 업에 얽매여 끝없이 반복하는 것을 윤회Samsara라고 한다. 반면에 이 업의 속박인 윤회를 끊고 영혼이 진실로 자유로워지는 것을 해탈Moksa이라고 하는데,

인도의 모든 종교사상가들이 추구하는 궁극적 목표이다. 해탈에 대한 열망은 삶이 고통이라는 자각에서 출발한다. 삶이 고통이라는 자각이 없다면 윤회의 고통으로부터 벗어나고자 하는 열망도 없을 것이다.

> 그들 중에 선업을 쌓은 자들은 좋은 탄생을 하는데 사제로 태어나거나 무인으로 태어나거나, 바이샤로 태어나지요. 그러나 악업을 쌓은 자들은 당장 나쁜 탄생을 하게 됩니다. 개로 태어나거나 돼지로 태어나거나 천민으로 태어납니다. 악업을 쌓은 자는 (연기나 빛의) 그 어느 길로도 가지 않습니다. 그들은 다만 자잘한 곤충 등으로 태어나 계속 세상을 왔다 갔다 반복할 뿐이지요.
>
> — 『찬도갸 우빠니샤드』, 5.10.7~8

우빠니샤드는 인생의 진정한 목적과 행복은 순간적인 쾌락이나 부에 있는 것이 아니고 구원을 향한 고행에 있음을 강조하여 인간은 누구도 타인에게 슬픔을 안겨 주거나 어떤 생물체도 살생할 권리가 없다고 가르치고 있다. 나아가서 브라만과 비브라만의 구분은 쓸데없는 무익한 것이라고 선언하고 인간은 출생에 의해서가 아니라, 그 행동에 의해서 위대하다는 것을 강조하고 있다. 위에서 본 몇 가지 우빠니샤드 사상에서 우리는 덕행이 강조되고 있음을 알 수 있는데, 여기에 아힌사(비폭력)가 중요한 요건이 되었다. 따라서 석가모니 이전에도 아힌사 사상은 있었으며, 다만 붓다가 그것을 특히 강조한 것임을 알 수 있다. '아힌사'라는 단어가 『찬도갸 우빠니샤드』에 처음으로 다음과 같이 사용되었다.

고행, 보시, 올바름, 불살생(비폭력), 진실을 말함, 이런 것들은 그 사람의 헌금(시주)들이다. 전생을 통해 고행을 하고 성지를 제외한 곳에서 모든 동·식물을 해치지 않는 사람은 브라흐만의 세계에 도달하며 다시 인간으로 돌아오지 않는다.

3) 해탈

인도의 철학과 종교에 있어서 인생의 궁극적 참목표는 윤회를 벗어나 해탈을 얻는 것이다. 해탈이란 그 어느 곳에도 얽매이지 않고, 완전히 자유롭고 행복한, 모든 인간이 도달하기를 갈망하는 이상향이다.

『브리하드아란야까 우빠니샤드』에서 야자발끼야는 왕에게 해탈을 다음과 같이 비유하였다.

우리가 몸이 건강하고 재산도 풍족하여 만인의 주인으로 추앙을 받고 나아가 인간이 가질 수 있는 행복의 조건을 모두 가지게 되었다 하더라도 이 행복감은 저세상을 정복한 조상들의 행복감의 백분의 일일 뿐입니다. 이 죽은 조상들의 행복감은 간다르바 세계에서의 행복감의 백분의 일에 불과하며, 간다르바의 행복감은 다시 업의 대가로 신이 된 자들의 행복감의 백분의 일이며, 이들의 행복감은 업과 관계없이 본래부터 신인 자들의 행복감의 백분의 일, 이들의 행복감은 창조주의 행복감의 백분의 일, 창조주의 행복감은 베다를 알고 죄와 욕망을 버린 해탈한 자의 행복감의 백분의 일일 뿐입니다. 이 해탈한 자의 행복이 지고의 행복이며, 브라흐만의 세계입니다.

— 『브리하드아란야까 우빠니샤드』, 4.3.33

인도의 종교는 이 윤회의 세계를 괴로움으로 보고 있다. 여기서 윤회의 순환으로부터 벗어나는 해탈 사상이 나왔는데 결국 힌두교도들에게는 이 괴로움을 없애고 영원한 세계에 드는 해탈이 최고의 목적이 된다. 따라서 그것을 얻기 위한 수행법이 종파나 학파에 따라 다양하게 나타났다.

4) 다르마 Dharma

다르마의 사전적 의미는 행위 규범, 법이나 관습, 의무, 제사, 정의, 진리, 도덕, 윤리 등으로 풀이된다. 리그베다에서는 인간이 지켜야 할 규범 또는 계율로 보고 있다.

바루나여! 신들에게 저지른 이 모든 것들은 우리가 인간이기에 잘못한 것이니, 그것은 무지로 인해 그대의 지켜야 할 계율을 어지럽힘이니, 빛나는 이여, 그 죄로 인하여 우리를 벌하지 마소서.

— 『리그베다』, 7.89.5

『샤따빠타 브라흐마나』는 "다르마는 진리이며 진리가 곧 다르마이다. 진리를 말하는 것은 다르마를 말하는 것이고, 다르마를 말하는 것은 진리를 말하는 것이다"라고 말하고 있다. 『찬도갸 우빠니샤드』는 제사, 보시, 고행 등을 다르마로 적고 있어 결론적으로는 인간 생활의 행위 규범을 다르마로 보고 있다.

다르마란 인간의 삶에 없어서는 안 될 윤리적인 질서를 의미한다. 힌두교도는 정해진 규범에 따라 결혼하고, 전통적인 제례의식에 따라 장례를 치르며, 갠지스 강에서 목욕하며, 성지나 사원을 순례한다. 이것은 예로부터 힌두사회에서 규정된 관습으로 힌두교도가 사회적, 종교적 생활을 해 나가는 근거이며 일종의 의무이다. 그들은 마누법전이나 법전류Dharma-sastra를 지침으로 삼아서 종교적·도덕적 법으로서의 다르마를 준수하는 일이 진정한 행복의 길이라고 믿는다. 힌두교도에게 다르마는 보편적인 '법'이고 각 카스트나 직업상의 의무를 의미한다.

크샤트리아Kshatriya(무사계급)의 의무는 다르마를 보호하고 정의를 위해 싸우는 것이다. 그들에게 전쟁에서 적을 죽이는 것은 필요한 행위이며 의무이다. 「바가바드기타」는 신

에 대한 확고한 헌신과 믿음을 강조하여 정의를 따르며, 선
악을 구분하여 각자의 의무를 수행하고 따를 것을 다음과
같이 적시하고 있다.

아르주나여,
전사로서의 그대의 의무를 생각하고 흔들리지 않도록 해라.
전사에게는 정의를 위해 싸우는 것보다 더 좋은 길은 없다.
정의를 위한 이런 전쟁에 참여하게 된 전사는 기뻐해야 한다.
이런 전쟁에서 자신의 의무를 다함으로써 하늘나라에 들어
갈 기회가 온 것이기 때문이다.
그대가 정의를 위한 이런 전쟁에 참여하지 않는다면
그것은 죄를 짓는 일이고
의무를 저버리는 일이며
그대의 명예를 더럽히는 일이다.

－「바가바드기타」

5) 우빠니샤드의 계승자들

우빠니샤드가 보여 주는 자유롭고 새로운 사유의 산물들

은 이후 인도의 철학이 모두 우빠니샤드를 계승하고 그것의 영향을 받았음을 보여 준다. 우빠니샤드는 인식주관에 대한 탐구 과정을 통해서 삶을 바라보는 다양한 시각을 제시했다. 당시의 현인들은 그 어떤 속박도 없는 완전한 자유의 삶을 살기 위해 초월적 신보다는 자기 내면을, 지식보다는 수행을 중시하였다.

형식적이고 무가치한 제례의식과 엄격한 신분제도에 대해 하층민들이 반발하기 시작했고, 상공업의 점진적인 발전에 따라 사회·경제생활에 변화가 일어나기 시작했다. 그러자 종교 생활에 있어서도 새로운 변혁을 요구하게 되었다. 이 시기에 북인도에서는 자유사상가이자 출가수행자인 슈라마나들이 많이 나와 상가Sangha라는 생활 공동체를 형성하였다. 브라만을 전통적 정통사상가라고 한다면 슈라마나는 이단적 진보사상가라고 할 수 있다.

브라흐마나 시대의 브라만교는 의례적 형식주의에 빠져 있었고, 브라만 사제들도 지나치게 교조적이고 권위주의적이어서 대중의 지지를 잃게 되었다. 더욱이 신분제도는 사회 발전의 장애가 되고 있었다. 이와 같이 종교적·사회적 측면에서 부정적 요인이 등장하면서 브라만교와 브라만 계급의 권위주의에 반대하는 새로운 자유사상적 종교 운동이 일어났다. 그것이 자이나교와 불교이다.

참고문헌

이명권, 『베다』, 한길사, 2013.

이재숙 옮김, 『우파니샤드』 1・2, 한길사, 1996.

Chand, Devi, *The Yajur Veda*, Munshiram Manoharlal, 2000.

Chatterji, Suniti Kumar, *Indo-Aryan and Hindi*, Firma K. L. Mukhopadhyay, 1960.

Coomaraswamy, Ananda K., *A new approach to the Vedas*, Munshiram Manaoharlal, 2002.

Dinkar, Ramdhari Singh, *Sanskriti ke Char Adhyaya*, Udayachal, 1977.

Griffith, Ralph T. H., *Hymns of the Atharvaveda*, Munshiram Manoharlal, 2002.

_____, *Hymns of the Rigveda*, Munshiram Manoharlal, 1999.

_____, *Hymns of the Samaveda*, Munshiram Manoharlal, 1986.

Le Mee, Jean, *Hymns From the Rig-Veda*, Jonathan Cape, 1975.

Mahadevan, T. M. P., *Outlines of Hinduism*, Chetana, 1954.

Smith, Vincent A., *The Oxford History of India*, Oxford University
    Press, 1976.

Upadhayaya, Baldeva, *Sanskrit Sahitya ka Itihasa*, Sarda Niketan,
    1978.

Varma, Direndra, *Hindi Bhasa Ka Itihasa*, Hindustani Academy,
    1973.

Wilson, H. H., *Rig-Veda Sanhita: a collection of ancient Hindu
    Hymns of the Rig-Veda*, Cosmo Publications, 1977.